Marketing w mediach społecznościowych

dla małych firm

Jak zdobyć nowych klientów,

Zarabiaj więcej pieniędzy i

Wyróżnij się z tłumu

Aby uzyskać pozwolenie na pozwolenie i opcje zakupu zamówień zbiorczych, wyślij e-mail support@smmfsb.com

To jest dzieło non-fiction. Porady i strategie zawarte w nich mogą nie być odpowiednie dla każdej sytuacji. Niniejsza praca jest sprzedawana przy założeniu, że ani autor, ani wydawcy nie ponoszą odpowiedzialności za wyniki uzyskane z informacji zawartych w niniejszym dokumencie. Ta praca ma na celu edukację czytelników w zakresie marketingu społecznościowego i cyfrowego i nie stanowi porady inwestycyjnej. Wszystkie obrazy są oryginalną własnością autora, wolne od praw autorskich, jak twierdzą źródła obrazów, mogą być używane zgodnie z wytycznymi dozwolonego użytku lub wykorzystywane za zgodą właścicieli nieruchomości.

Pierwsze wydanie drukowane 2022.
Wydawnictwo Aude

Oprawa twarda ISBN 978-1-957470-08-5
Oprawa miękka ISBN 978-1-957470-07-8
eISBN 978-1-957470-09-2
LLCN 2022919196

Marketing w mediach społecznościowych

dla małych firm

Jak zdobyć nowych klientów, zarobić więcej pieniędzy i wyróżnić się z tłumu

Jon Law

Wydawnictwo Aude

so·cial

....

sō'shəl

1. społeczeństwa ludzkiego i jego sposobów
   organizacji lub odnoszące się do niego.

me·di·a

....

ˈmiː.di. ə

1. zorganizowane źródło informacji.

Treść

Po co się rozwijać?

Społecznościowe Co teraz?

Zacznij od strategii

Strategia marki

Strategia cyfrowa

Strategia społeczna

Ustanowienie Twojej cyfrowej obecności

Google Business

Na Instagramie

Rejestrowanie

Na Facebooku

Na Pintereście

Serwis YouTube

TikTok

Świergot

Budowanie grona odbiorców

Budowanie i optymalizacja strony internetowej

Marketing e-mailowy

Blogowanie

Rozwijanie się na Instagramie

Rośnie na TikTok

Rozwój na Facebooku

Rozwój w YouTube

Rośnie na Twitterze

Rozwój na LinkedIn

Rozwijanie się na Pintereście

Tworzenie treści społecznościowych

Grafika

Fotka

Wideo

Automatyzacja i zrównoważony rozwój

Reklama

Google Ads

Reklamy w YouTube

Reklamy na Facebooku

Reklamy na Instagramie

Reklamy Nextdoor

TikTok Reklamy

Reklamy na Pintereście

Reklamy Snapchat

Reklamy Amazon

Reklamy LinkedIn

Reklamy niszowe

REKLAMA ALTERNATYWNA

Influence Marketing

Marketing afiliacyjny

POWRÓT DO STRATEGII

WYROSTEK ROBACZKOWY

CO POWINIENEŚ PRZECZYTAĆ DALEJ?

PODZIĘKOWANIA

INDEKS

Marketing w mediach społecznościowych

dla małych firm

Jak zdobyć nowych klientów,

Zarabiaj więcej pieniędzy i
Wyróżnij się z tłumu

1

Po co się rozwijać?

S

Ocial Media wkroczyły na globalną scenę jako dominujące obecnie medium połączenia i współpracy. Dla ludzi i całego społeczeństwa implikacje tej transformacji są ogromne. Dla firm są one jeszcze głębsze. Handel we współczesnym zglobalizowanym i zdigitalizowanym ekosystemie opiera się na zestawie narzędzi składającym się ze strategii i możliwości, które nie były dostępne zaledwie dekady temu. Podczas gdy pojawiły się nowe wyzwania, ukryty potencjał ograniczony w małych firmach ma większą niż kiedykolwiek szansę na eksplozję w konkurencyjnym krajobrazie, który nie jest już ograniczony geografią.

Pomysł napisania tej książki po raz pierwszy przyszedł mi do głowy, gdy przyjaciółka pokazała mi książki, które czytała, aby dowiedzieć się, jak promować swoją małą firmę w mediach społecznościowych. Byłem zdumiony skrajnym brakiem kompletnych i aktualnych informacji; te książki głosiły aplikacje, które stały się nieistotne lata temu, strategie reklamowe, które zatrzymały się na reklamach na Facebooku i porady w mediach społecznościowych, które sprowadzały się do "bycia sobą".

Po tym doświadczeniu postanowiłem napisać książkę, która pomaga właścicielom małych firm rozwijać swoje firmy dzięki doświadczeniom, które miałem w budowaniu dziesiątek małych firm do wpływów społecznych obejmujących ćwierć miliarda wyświetleń i miliony obserwujących, co bezpośrednio przełożyło się na znacznie więcej klientów i miliony sprzedaży.

Dlaczego włączenie marketingu cyfrowego i społecznościowego do strategii biznesowej jest tak ważne? Jest to uczciwe pytanie – często ignorowane przez tych, którzy głoszą wyidealizowaną fantazję o mediach społecznościowych i cyfrowym krajobrazie dla biznesu – i które sprowadza się do fundamentalnych zmian w globalnym środowisku biznesowym.

Nasza analiza musi rozpocząć się od zrozumienia, że cyfryzacja jest cechą definiującą świat biznesu 21 wieku. Internet usunął bariery geograficzne, spowodował masową dostępność wiedzy i zapewnił bezprecedensowy poziom możliwości każdemu, kto ma urządzenie cyfrowe i połączenie. Ponieważ coraz więcej świata przenosi się do Internetu, cyfryzacja musi być albo głównym wyznacznikiem w Twojej firmie – zakładając pewien stopień fizyczności – albo, jak w przypadku czysto cyfrowych firm, dominującym wyznacznikiem.

Jednak cyfryzacja otworzyła drzwi do możliwości, ale stworzyła również znacznie bardziej konkurencyjne środowisko. W przeciwieństwie do konkurencji, która jest stosunkowo ograniczona ze względu na bliskość geograficzną (choć może to być w przypadku fizycznej firmy, te same zasady nie mają zastosowania podczas pracy cyfrowej), takie ograniczenia zostały w dużej mierze usunięte. Mała firma sprzedająca niestandardowe poduszki w Kalifornii konkuruje ze sprzedawcami poduszek online w Nowym Jorku i Kanadzie, podczas gdy firma programistyczna z siedzibą w Japonii konkuruje ze startupami z Kapsztadu i Londynu. Jako firma działająca w tego rodzaju środowisku musisz nie tylko zrozumieć krajobraz cyfrowego świata, ale także nauczyć się w nim prosperować.

W dużej mierze w wyniku cyfryzacji globalizacja jeszcze bardziej połączyła światowe gospodarki w niespotykanym dotąd stopniu.

Wszyscy jesteśmy dosłownie razem, a globalizacja odgrywa rolę we wszystkich strategiach cyfrowych. Połączenie cyfryzacji i globalizacji spowodowało nie tylko większą i ostrzejszą konkurencję, ale także połączyło szeroki zakres rynków i wprowadziło możliwość obsługi rynków niszowych, które obecnie wspólnie oferują wystarczający popyt, aby utrzymać działalność na dużą skalę. Te dwa trendy odgrywają zwiększoną rolę, jaką outsourcing odgrywa w pracy i biznesie. Outsourcing zmniejsza koszty ogólne i zwiększa wartość ekspertów *w* erze cyfrowej, w porównaniu z tymi, którzy grają według przestarzałych zasad.

Wiele firm, zwłaszcza internetowych, może czerpać duże korzyści, rozszerzając działalność na kraje nierodzime. Jednym z takich przykładów jest ta książka i inne zarządzane przez moją agencję – prawie 60% naszej sprzedaży pochodzi spoza USA, mimo że większość sprzedawanych przez nas książek jest kupowana w języku angielskim.

To tylko niektóre powody, dla których marketing cyfrowy i społeczny wkroczyły na scenę i dlaczego niezliczone firmy przesuwają się w kierunku możliwości obecnych w tych dziedzinach.

Ja Nie próbuję osłodzić realiów złożonego i szybko zmieniającego się otoczenia konkurencyjnego. Marketing cyfrowy i społecznościowy nie zmieni życia każdej firmy. Przeciwnie, każda firma może skorzystać z wielu nisko wiszących możliwości obecnych w przestrzeni cyfrowej, podczas gdy dla znacznej części strategie przedstawione w tej książce rzeczywiście zmienią zasady gry.

Teraz rozumiemy, jak ważne jest działanie w mediach społecznościowych. W interesie podstawowego zrozumienia, czym dokładnie jest społeczny m

Społecznościowe Co teraz?

A

Książka o marketingu w mediach społecznościowych musi najpierw odpowiedzieć na pytanie, czym dokładnie są media społecznościowe - tak, dzisiejsze dzieci wydają się być zawsze na nich, podczas gdy niektórzy przysięgają na ich negatywne skutki, ale co to naprawdę jest?

Otoczenie społeczneUMS najlepiej zdefiniować jako społeczności internetowe, które umożliwiają użytkownikom interakcję ze sobą. W ten sposób jest to dość rozległe pole - wystarczy pomyśleć o każdym napisaniu SMS-a na czacie grupowym na telefonie, przewijaniu Wikipedii lub przeglądaniu postu udostępnionego przez starego znajomego. We wszystkich tych przypadkach ludzie wchodzą ze sobą w interakcje w Internecie - to właśnie zasadniczo oznaczają media społecznościowe.

Marketing w mediach społecznościowych to nie tylko publikowanie filmów lub płacenie influencerom. Chodzi o wykorzystanie sposobów w którym ludzie wchodzą w interakcje online, aby Twoje produkty i usługi trafiły w więcej rąk. Wiąże się to z pytaniem, czy warto w ogóle korzystać z mediów społecznościowych - w rzeczywistości konieczne jest przejście na media społecznościowe, ponieważ media społecznościowe są rodzajem interakcji, na której opiera się współczesny świat.

Dziś najpopularniejsze aplikacje społecznościowe działać w systemie UGC lub treści generowanych przez użytkowników. UGC oznacza, że osoby korzystające z danej strony internetowej lub aplikacji (takiej jak Facebook lub YouTube) tworzą treści, z którymi angażują się inni użytkownicy i tak dalej, w nieskończenie cykliczny sposób. Ze względu na UGC wszystkie najpopularniejsze serwisy społecznościowe są bezpłatne i polegają na sprzedaży reklam w celu zarabiania pieniędzy. W ten sposób serwisy społecznościowe nadal istnieją tylko dzięki firmom, które decydują się na reklamę z nimi. Sam fakt, że firmy nadal reklamują się w aplikacjach społecznościowych, oznacza, że reklama nadal jest opłacalną strategią biznesową, podczas gdy eksplozje w branży tworzenia treści i marketingu influencer mówią o żywotności treści jako strategii biznesowej.

Jak wspomniano, książka ta ma na celu dostarczenie kompleksowego przewodnika po marketingu cyfrowym i mediach społecznościowych dla małych firm. Po raz pierwszy zostanie opublikowany jesienią 2022 r. i będzie aktualizowany każdego roku, aby odzwierciedlić szybko zmieniające się dziedziny i możliwości, które bada. Będzie się kształtować na podstawie opinii dostarczanych przez rzeczywistych właścicieli małych firm. Aby zapewnić takie informacje zwrotne i porady dla przyszłych przedsiębiorców, takich jak Ty i Twój postęp biznesowy, korzystając z metod i strategii przedstawionych w tej książce, wyślij nam e-mail dotyczący zarówno tego, co zadziałało, jak i tego, co nie, lub z pytaniami, które **team@smmfsb.com**.

Czekamy Podzieliliśmy tekst na dwie części wysokiego poziomu. Buduje koncepcyjne ramy strategiczne w pierwszych czterech rozdziałach. Następnie kontynuuje szczegółową eksplorację marketingu w mediach społecznościowych, reklamy społecznej, tworzenia treści i powiązanych tematów objętych większą sferą marketingu cyfrowego.

Ta książka została napisana specjalnie z myślą o właścicielach małych firm i przedsiębiorcach. Małe przedsiębiorstwa i ich właściciele stanowią trzon wszelkiej działalności gospodarczej i nie powinni są ograniczeni konkurencyjnie z powodu braku wiedzy. Taki jest główny cel tego tekstu. Modlę się, aby oddało ci to sprawiedliwość.

Zacznij od strategii

Praca ARD to tylko połowa równania; Inteligentna praca to druga połowa. Podobnie, rozwijanie firmy za pomocą środków cyfrowych polega w równym stopniu na tym, aby wiedzieć, co robić, jak to zrobić. Nawet najlepiej zrealizowane strategie cyfrowe zawodzą, jeśli są stosowane do nieoptymalnych platform lub, co gorsza, jeśli są zaprojektowane tak, aby osiągnąć niewłaściwe cele.

Z tych powodów kładzie się taki nacisk o strategii w całej tej książce. Przejdziemy do realizacji i wszystkich wskazówek i sztuczek w terenie - ale zaufaj mi, że myślenie na wysokim poziomie jest miejscem, w którym zaczyna się każdy udany biznes, działający w dowolnej dziedzinie lub dziedzinie.

Trzy poziomy Stwórz profil strategii swojej firmy: strategia marki, strategia cyfrowa i strategia społeczna. Podczas gdy nadrzędnym celem tej książki są dwa ostatnie, przejdziemy przez wszystkie trzy poziomy, aby upewnić się, że Twoja firma zaczyna się od solidnych podstaw.

Strategia marki

Strategia marki opiera się na tożsamości. Bada pytania o to, czym jest Twoja firma, dlaczego istnieje i co próbuje osiągnąć. Opracowanie strategii marki zapewnia skuteczną komunikację Twojej marki, która pomoże Ci dotrzeć do docelowych klientów i rozwinąć firmę.

Po pierwsze, czym jest marka? Postrzegamy Twoją markę jako sposób, w jaki ludzie (w tym Ty) postrzegają Twoją firmę. Strategia marki polega na przekazywaniu wiadomości, które nasycają potencjalnych klientów korzystnym spojrzeniem na Twoją firmę: przed udostępnieniem tej wiadomości musisz jednak upewnić się, że dokładnie reprezentuje ona Twoją firmę i ma sens z perspektywy marketingowej.

Aby stworzyć strategię marki, zadaj sobie pytanie następujące pytania. Zaleca się wyrażanie swoich myśli w dzienniku lub w inny rozległy sposób:

1. Dla kogo jest Twoja firma? Jaki problem rozwiązuje, potrzebuje i chce, aby spełniał?

2. Dlaczego klienci powinni przychodzić do Ciebie w porównaniu z konkurencją? Czy jesteś tańszy, wyższej jakości czy lepszy dla środowiska? Jaka jest Twoja misja i jakie są Twoje wartości?

3. Jak chcesz, aby Twoja firma się czuła? Może się okazać, że jest to dziwne ćwiczenie, ale wypróbuj je - wyobraź sobie osobowość, ton i klimat firmy, jakby to była osoba.

Te pytania wypełniają koncepcyjną część strategii marki, którą można uznać za esencję marki - mówiąc najprościej, to właśnie sprawia, że Twoja firma jest tym, czym jest. Dodaj trochę treści do tych pomysłów w następujących krokach:

1. Stwórz boisko windy dla swojej firmy w kilku zdaniach.

2. Wybierz kilka mocnych sloganów, które komunikują cel Twojej firmy.

3. Jeśli jeszcze tego nie zrobiłeś, upewnij się, że przemyślałeś schemat kolorów, logo i typografię, które najlepiej reprezentują Twoją firmę.

Podejmując te kroki, powinieneś mieć znacznie jaśniejsze wyobrażenie, a przynajmniej takie, które jest fizycznie zapisane, czym jest Twoja firma i jak najlepiej możesz ją przekazać światu. Po zakończeniu tego kroku możemy się przenieść na strategię cyfrową i strategię społeczną.

Strategia cyfrowa

Strategia cyfrowa to sztuka absolutów: z jasno zdefiniowanym komunikatem marki i tożsamością, tworzenie strategii cyfrowej dotyczy bardziej rzeczywistych metod i zasad cyfrowych, które wykorzystasz do rozwoju swojej firmy.

Strategia cyfrowa, podobnie jak w przypadku wszystkich właściwych strategii, zaczyna się od celów. Należy również uwzględnić drugi, często zapominany element, a mianowicie jasność co do rzeczywistych kluczowych wskaźników wydajności (KPI)s) wykorzystywane do pomiaru postępów w osiąganiu celów cyfrowych.

Aby zidentyfikować cel swojej strategii cyfrowej, zacznij od ogólnego celu swojej firmy. Czy starasz się zarobić jak najwięcej pieniędzy? Czy jesteś mniej zainteresowany wzrostem i wolisz priorytetowo traktować stabilność? A może starasz się dotrzeć do jak największej liczby osób?

Poświęć trochę czasu na rozważenie tego (bądź ze sobą szczery!) i zapisz to w jednym zdaniu.

To zdanie stanowi podstawę całej strategii cyfrowej.

Głównym błędem większości firm wchodzących w przestrzeń cyfrową jest to, że robią to z zamkniętymi oczami – mając pewne pojęcie o nadążaniu za duchem czasu, ale nie mając pojęcia, dlaczego tam są, firmy te ostatecznie nie wykorzystują w pełni dostępnych im narzędzi cyfrowych ze względu na brak spójności.

Nie chodzi tylko o posiadanie celu - po zidentyfikowaniu twojego pracuj wstecz, aby określić kluczowe wskaźniki społeczne, których użyjesz do pomiaru postępów w osiąganiu tego celu. Oto niektóre z najczęstszych wskaźników stosowanych przez firmy do pomiaru ich sukcesu cyfrowego:

Widoki: jeśli Twoim celem jest zwrócenie jak największej liczby oczu na Twoją firmę, widoki są tym, o co w tym wszystkim chodzi.

Rozmowy sprzedażowe: jeśli Twoja firma obsługuje klientów za pośrednictwem połączeń, liczba połączeń (lub klientów) generowanych cyfrowo jest doskonałym wskaźnikiem do rozważenia.

Zwrot z nakładów na reklamę (ROAS): jeśli Twoja firma korzysta z reklam, ROAS jest głównym wskaźnikiem określającym rentowność reklam.[1]

---

[1] ACOS (reklamowy koszt sprzedaży) jest używany na niektórych platformach.

Spotkania zarezerwowane: jeśli Twoja firma działa poza fizyczną lokalizacją, liczba spotkań zarezerwowanych online może być główną miarą sukcesu.

Sprzedane jednostki: jeśli Twoja firma sprzedaje produkty online, im więcej sprzedanych jednostek, tym lepiej!

Powyższa lista może nie zawierać danych pasujących do Twojego modelu biznesowego. Jeśli tak jest, zacznij od swojego celu i zadaj sobie pytanie "czego potrzebuje moja firma, aby osiągnąć swoje cele?"

Niezależnie od tego, jaka jest Twoja odpowiedź, prawdopodobnie będzie to wskaźnik, na którym opiera się Twoja strategia marki.

Większość firm działających online nie ma tego krytycznego elementu: mierzą sukces liczbą obserwujących lub wyświetleń, które otrzymują, mimo że te krzykliwe liczby nie odzwierciedlają sukcesu strategii cyfrowej firmy, ani nie biorą pod uwagę wskaźników, które znacząco przyczyniają się do jej wizji i celów. Poświęć chwilę, aby zapisać swój KPI.

W ramach strategii cyfrowej masz teraz jasność co do tego, co próbujesz zyskać i jak zmierzysz sukces. Następnym krokiem jest określenie, które platformy, metody i strategie optymalnie przyczyniają się do realizacji wskaźnika KPI.

Należy zauważyć, że istnieją dwa ogólne koszyki strategii cyfrowych: płatny marketing i marketing organiczny. Płatny marketing składa się z reklamy cyfrowej (która występuje w wielu formach - pomyśl). Marketing organiczny dotyczy głównie ustanowienia obecności społecznej jako pierwszego kroku, a następnie tworzenia treści i kieruje ruch do Twojej firmy bez bezpośredniego płacenia za ruch lub potencjalnych klientów.

Zanim podejmiesz decyzję o tym, co jest najlepsze dla Twojej firmy, pamiętaj, że Świetne strategie cyfrowe zawierają elementy zarówno organicznego, jak i płatnego marketingu cyfrowego, często w powiązany sposób (np. Reklama, aby pomóc treściom organicznym osiągać lepsze wyniki). Weź również pod uwagę, że zazwyczaj najlepiej jest eksperymentować z każdym z nich, ponieważ

Nigdy tak naprawdę nie wiesz, co mogło zmienić zasady gry, chyba że spróbowałeś. Na szczęście większość platform reklamowych sprawia, że eksperymentowanie jest tanie i wymaga mniejszego wysiłku.

Chociaż włączenie elementów każdego z nich jest optymalne, oto profile firm, które najlepiej służą każdej nadrzędnej strategii cyfrowej:

Płatny marketing cyfrowy: prawie każda firma może być obsługiwana przez jakiś rodzaj reklamy online.

Reklamy kierowane geograficznie najlepiej sprawdzają się w przypadku firm prowadzących działalność poza fizyczną lokalizacją, takich jak sklepy stacjonarne lub sprzedawcy technologii.

Reklamy ukierunkowane na zainteresowania, a także sponsoring i influencer marketing (wszystkie z nich omówimy), najlepiej sprawdzają się w przypadku firm oferujących produkty lub usługi, które można kupić online, takich jak artysta sprzedający grafiki przyrodnicze lub korepetytor online.

Organiczny marketing cyfrowy: ponownie, większość firm może skorzystać z pewnego rodzaju organicznego marketingu cyfrowego. Na poziomie podstawowym wszystkie firmy powinny upewnić się, że informacje o nich są dostępne online (co dokładnie omówimy w następnej sekcji) i stworzyć listę e-mailową, która pozwoli im dotrzeć do klientów z wiadomościami, aktualizacjami biznesowymi i premierami oraz wszelkimi innymi istotnymi informacjami.

Na drugim poziomie marketingu organicznego każda firma, która korzysta ze zwiększonego zaangażowania społeczności, powinna regularnie udostępniać treści, które przyciągają i rozwijają jej społeczność (online lub offline). Przejdziemy do rodzajów i procesów tworzenia treści dalej.

Na ostatnim poziomie marketingu organicznego firmy, które sprzedają produkty lub usługi online powinien regularnie tworzyć zaprojektowane treści aby zwiększyć grono odbiorców i przekształcić je w płacących klientów. Cała ta koncepcja budowania lejka zostanie szczegółowo zbadana.

Mając to wszystko na uwadze, poświęć chwilę na rozważenie i zapisanie strategii cyfrowych, które najlepiej przysłużą się Twojej firmie.

Do tej pory powinieneś mieć jasny obraz celu, który próbujesz osiągnąć, KPI, który najlepiej służy celowi, oraz najlepszej strategii cyfrowej, aby zmaksymalizować ten KPI. Te kroki prowadzą Cię do dobrego miejsca pod względem cyfrowej wizji i strategii dla Twojej firmy.

Czytając od tego momentu, trzymaj z tyłu głowy zarówno strategię marki, jak i strategię cyfrową jako ramy dużego obrazu, które mają być wypełnione wszystkimi pojawiającymi się informacjami.

Strategia społeczna

Strategia mediów społecznościowych uzupełnia ostatni poziom naszej piramidy strategii cyfrowej. Obejmuje ustanowienie obecności społecznościowej firmy, platform społecznościowych, na których firma powinna publikować treści oraz strategii treści. Ustalisz strategię mediów społecznościowych dla swojej firmy za pośrednictwem systemu MAGIC: cele, odbiorcy, medium, treść i wdrożenie.

Cele i **odbiorcy** zostały już wprowadzone w ramach strategii marki i strategii cyfrowej. Poświęć trochę czasu, aby na nich budować, zwłaszcza jeśli chodzi o publiczność. Poszerz swoje myślenie o tym, komu służy Twoja firma, identyfikując docelową grupę demograficzną (osoby, do których próbujesz dotrzeć) i ich zainteresowania. Są to profile, których użyjesz do projektowania treści społecznościowych i kierowania reklam do klientów na płatnych platformach reklamowych.

Ponadto upewnij się, że wskaźnik KPI strategii cyfrowej ma sens w kontekście mediów społecznościowych. Na przykład Transfery "widoków" łatwo jako KPI, ponieważ jest wykorzystywany w kontekście cyfrowym i społecznym, ale coś takiego jak "rezerwacje online" jest bardziej mierzalne jako "brzęczenie linków", ponieważ kliknięcia linków osadzonych w profilach mediów społecznościowych to bezpośrednie działanie na platformie mediów społecznościowych, które prowadzi do nadrzędnego KPI.

W ten sposób rozważ kroki, które chcesz, aby klienci podjęli, i rozważ ostatni krok, który chcesz, aby klienci podjęli na platformie mediów społecznościowych. To w istocie jest KPI Twojej firmy w kontekście mediów społecznościowych.

Następnie rozważ **media społecznościowe** lub platformy, dzięki którym możesz najlepiej osiągnąć KPI strategii społecznej. Niektóre platformy, które będziemy badać, wymagają jedynie, aby Twoja firma była obecna poprzez nieaktywny lub półaktywny profil. Ten koszyk platform nie wymaga treści stworzonych specjalnie dla nich, chyba że Twoja firma pasuje do niszy platformy (weź Pinterest i projekt). Pierwsze cztery platformy, na które patrzymy (poza stroną internetową, co jest bezwzględnym wymogiem) są ogólnego przeznaczenia i wymagają specjalistycznych treści, jeśli rozpoznasz je jako cenne medium społecznościowe dla swojej firmy. Kolejne dwa są mniej ważne, ale nadal są świetne (i ostatecznie opłacalne). Dwa ostatnie wymagają profili, ale nie wymagają specjalistycznych treści, chyba że pasują one do twojego planu MAGIC.

Nie mogę podkreślić znaczenia obecności społecznej na wszystkich tych platformach. Ten etap planu MAGIC jest raczej miejscem, w którym powinieneś zdecydować, na których platformach zobowiążesz swoją firmę do publikowania treści i aktywnego rozwoju.

Strona internetowa: Twoja strona internetowa jest cyfrową twarzą i centrum Twojej firmy. Zapewnia klientom łatwy sposób na poznanie Twojej firmy i uchwycenie wszelkich informacji, których mogą potrzebować. To także
Możliwość sprzedaży produktów lub usług online, publikowania treści, tworzenia listy e-mailowej i kierowania widzów do innych profili cyfrowych. Podsumowując, wszystkie firmy muszą mieć wysokiej jakości stronę internetową w dzisiejszych czasach.

Instagram: Instagram jest jedną z najbardziej osadzonych i wieloaspektowych platform mediów społecznościowych. Zaczęło się jako platforma do udostępniania zdjęć, ale rozszerzyło się o wiele typów treści za pośrednictwem bębnów na Instagramie (krótkie wideolub krócej niż jedna minuta), filmy na Instagramie (długie filmy wideolub ponad minutę), relacje (znikające treści fotograficzne / wideo), zakupy na Instagramie i Instagram na żywo. Wiele firm może publikować swoje produkty bezpośrednio w aplikacji Instagram. Niezależnie od tego, tworzenie treści na Instagramie jest koniecznością dla prawie wszystkich małych firm, niezależnie od tego, czy Twoim celem jest zbudowanie publiczności, czy nawiązanie kontaktu z lokalnymi społecznościami.

Facebook: Facebook był pierwszą usługą mediów społecznościowych poza blogami, która trafiła do głównego nurtu. Podobnie jak Instagram, umożliwia udostępnianie wielu rodzajów treści, w tym tekstu, zdjęć, filmów i transmisji na żywo. Facebook jest obowiązkowy dla wszystkich małych firm.

Google: Twój profil firmowy Google to sposób, w jaki użytkownicy Google (czyli wszyscy) mogą szybko uzyskać informacje o Twojej firmie za pośrednictwem wyszukiwarek takich jak Chrome i Mapy Google. Yelp działa w podobny sposób jak Profile Google Business i chociaż od tego czasu nie jest to objęte, rozważ postępowanie zgodnie z opisem przedstawionym w nadchodzącej sekcji konfiguracji profilu Google Business, aby zgłosić prawa do swojej strony Yelp na business.yelp.com.

YouTube: YouTube to kwintesencja witryny do udostępniania filmów składającej się głównie z długich filmów (ponad dziesięć minut), a także krótkich filmów za pośrednictwem krótkich filmów YouTube. Jest to dobre miejsce na zorganizowanie kilku instruktaży lub filmów wprowadzających do Twojej firmy. Na większą lub bardziej spójną skalę tworzenie wysokiej jakości długich filmów na YouTube jest zadaniem o wysokim poziomie inwestycji, najlepszym dla firm działających online; Weźmy firmy programistyczne lub agencje cyfrowe. Szorty YouTube są jednak łatwym miejscem do udostępniania krótkich filmów, które Twoja firma tworzy, jeśli takie istnieją, do podstawowej dystrybucji na innych platformach.

TikTok: TikTok jest dominującym graczem w przestrzeni krótkich form. Jego platforma reklamowa stanowi dużą szansę dla firm sprzedających produkty lub usługi online, a cała platforma to świetny sposób na zapoznanie ludzi na dużą skalę z Twoją firmą i społecznością.

LinkedIn: LinkedIn to podstawowa aplikacja sieciowa dla firm i profesjonalistów; Można na nim udostępniać wszystkie rodzaje treści i jest to świetny sposób dla prawie każdej firmy (i właściciela małej firmy!) na nawiązanie profesjonalnych kontaktów, rekrutację talentów i nawiązanie kontaktu z lokalną publicznością.

Świergot: Twitter to klasyczna aplikacja do udostępniania krótkich tekstów. To świetny sposób na publikowanie szybkich aktualizacji dotyczących produktów, usług i firmy. Najlepiej dla firm, które nie chcą dotrzeć do lokalnej publiczności, ale raczej dotrzeć do szerszej publiczności nieograniczonej geografią.

Pinterest: Pinterest to wizualna platforma do udostępniania zdjęć. Jest to najlepsze rozwiązanie dla firm z jakąś tożsamością fizyczną związaną z ich produktami lub usługami, takich jak marki modowe, menedżerowie nieruchomości itp., A także dla każdej firmy skierowanej głównie do kobiet (ponieważ 85% z 80 milionów użytkowników Pinteresta to kobiety).

Mając na uwadze te opisy, poświęć trochę czasu na rozważenie platform, które najlepiej służą maksymalizacji twoich celów społecznych.

Kolejnym krokiem w systemie MAGIC jest treść. Rozkłada się to na rodzaj treści i regularność treści, które Twoja firma będzie tworzyć i udostępniać na zidentyfikowanych platformach. Treść dzieli się na cztery możliwe kategorie:

Obraz: Ta kategoria reprezentuje całą zawartość udostępnianą jako nieruchoma ramka, zarówno zdjęcia produktów, jak i obrazy graficzne przedstawiające przekaz reklamowy.

Wideo: Ta kategoria obejmuje zarówno krótkie (poniżej jednej minuty), jak i długie (ponad minutę) treści wideo.

Pisanie: ta kategoria jest szeroka i obejmuje kilka znaczących typów treści: e-mail, blog i tekst to wielka trójka.

Dźwięk: Choć mniej popularne wśród firm, treści audio składają się głównie z podcastów i wydarzeń na żywo, tylko audio.

Rodzaj tworzonych treści zależy od mediów społecznościowych, które wybrałeś jako te, które chcesz realizować. Poniżej przedstawiono typy zawartości obecne na każdej opisanej platformie:

- Strona internetowa
  - Wszystkie typy zawartości
- Na Instagramie
  - Zdjęcia, wideo, na żywo
- TikTok
  - Krótkie formy wideo, na żywo
- Na Facebooku
  - Zdjęcia, wideo, na żywo
- Serwis YouTube
  - Wideo, na żywo
- Świergot
  - Krótkie od pisania
- Rejestrowanie
  - Pisanie, wideo, na żywo
- Na Pintereście
  - Zdjęcie, wideo

Najlepsze praktyki dotyczące tworzenia treści są omówione w dalszej części książki. Na razie zapisz typy treści, które Twoja firma będzie produkować i udostępniać.

W tym momencie wiesz, do czego dążysz, dla kogo tworzysz treści, na jakich platformach udostępniasz treści i jaką formę przybiera ta treść.

Ostatnim krokiem w systemie MAGIC jest określenie **wdrożenia**. Wdrożenie odnosi się do procesów, które należy wdrożyć, aby przekształcić strategię cyfrową i społeczną w rzeczywistość w Twojej firmie.

Różni się to drastycznie w zależności od rodzaju działalności: pojedynczy przedsiębiorca prowadzący swoją działalność korepetycji online nie będzie pracował tak samo jak trzydziestoosobowa firma księgowa, na przykład, jeśli chodzi o reklamę lub tworzenie treści. W rozdziale szóstym zbadamy sposoby maksymalizacji wydajności procesów, takich jak tworzenie treści.

Ogólnie rzecz biorąc, systemy i praktyki, które należy wziąć pod uwagę, jeśli chodzi o media społecznościowe, sprowadzają się do następujących elementów:

Zarządzanie techniczne: kto może zarządzać głębią witryny WordPress lub Shopify? Jest to wymagane minimum podczas tworzenia strony internetowej lub innego procesu cyfrowego wymagającego wiedzy technicznej (chyba że Ty lub Twoi ludzie chcecie uczyć się sami) i muszą być obecni na pewnym poziomie, aby zapobiec przekształceniu się prostych błędów technicznych w niepotrzebne przeszkody (na przykład nie włączanie automatycznych aktualizacji wtyczek WordPress i w rezultacie awaria witryny).

Content Ideation and Iteration: ideation i creation najlepiej traktować jako oddzielne procesy. Jako wieloletni influencer odkryłem, że przetwarzanie pomysłów i tworzenia treści w tym samym oknie jest niepotrzebnie stresujące i prawie zawsze skutkuje treścią o niższej jakości. Tworzenie treści w przyszłości musi być powiązane z analizą i wydajnością najnowszych treści (na przykład, jeśli film wybuchnie, wyprodukuj więcej filmów o podobnym stylu lub przesłaniu, a jeśli film nie będzie skuteczny, przestań produkować tego rodzaju treści).

Tworzenie treści: może przybierać różne formy, ponieważ polega na tworzeniu treści w wielu różnych typach treści: pisanie, zdjęcia, wideo itp.

Planowanie, publikowanie i zarządzanie: publikowanie treści, odpowiadanie na komentarze i wiadomości, aktualizowanie profili itd. Ta praca jest niska umiejętności, choć wymaga pewnego stopnia zdolności komunikacyjnych, a także znajomości biznesu, biorąc pod uwagę regularne interakcje z klientami.

Budżet: wiele procesów mediów społecznościowych można zlecić na zewnątrz lub zautomatyzować. Wiąże się to z ceną, nawet poza kosztem płatnej reklamy. Niezależnie od tego, czy wydatki wynikają z pracy, czy reklamy, upewnienie się, że cyfrowe przedsięwzięcia Twojej firmy są opłacalne i dostosowanie odpowiednich budżetów zgodnie z takimi informacjami jest regularnym procesem, który jest ważny do wdrożenia.

Chociaż procesy te obejmują większość potrzeb Twojej firmy do udanych operacji, może być konieczne zbudowanie alternatywnych systemów do zarządzania innymi pojawiającymi się pracami. W takich przypadkach staraj się automatyzować i usprawniać, gdy tylko jest to możliwe, zachowując spójną wizję i misję we wszystkich dziedzinach. Jako szybką wskazówkę, pamiętaj, że młodzi ludzie często chcą pracować jako nieopłacani stażyści, jeśli chodzi o pracę w mediach społecznościowych.

Dotarliśmy do końca systemu MAGIC. Powinieneś mieć jasne pojęcie o następujących kwestiach:

- Co Twoja firma zamierza osiągnąć w mediach społecznościowych i środowisku cyfrowym.
- Typ osób, do których dotrzesz.
- Platformy, na których będziesz się rozwijać.
- Typ treści, które będziesz tworzyć.
- Procesy, które wdrożysz w swojej firmie, aby to wszystko się stało.

Teraz ukończyłeś wszystkie trzy poziomy strategiczne. Masz jasność co do tego, kim jesteś i co będziesz robić jako firma działająca online.

To, co pozostaje, to zrobienie tego: reszta książki to głębokie zanurzenie się w praktycznym wprowadzaniu kroków, które nakreśliłeś, zaczynając od przewodnika po konfigurowaniu cyfrowej obecności dla Twojej firmy.

Trzy poziomy strategii.

Ustanowienie Twojej cyfrowej obecności

R

Niezależnie od treści lub strategii mediów społecznościowych, niezbędnym krokiem dla wszystkich małych firm jest ustanowienie ich obecności cyfrowej poprzez tworzenie profili społecznościowych na platformach wymienionych w rozdziale trzecim. Służy to kilku celom: zapewnia większą ekspozycję firmy w wyszukiwarkach, zapewnia znalezienie informacji o firmie i zabezpiecza nazwy użytkowników, a także konta do wykorzystania w przyszłości.

Ważne jest, aby skonfigurować profile społecznościowe w sposób, który zapewnia widzom podstawowy poziom informacji o Twojej firmie i dobrze pozycjonuje się w algorytmach. Gwarantuje to, że jeśli ludzie będą szukać Twojej firmy lub usługi / produktu tego typu, który udostępniasz w dowolnym miejscu online, Twój profil pojawi się na górze. Ponownie, niezależnie od strategii treści, jest to absolutny imperatyw.

Każda platforma ma własne sprawdzone metody konfigurowania profili. Ogólnie rzecz biorąc, staraj się zabezpieczyć nazwę użytkownika, która najlepiej reprezentuje Twoją firmę. Wykluczaj liczby i podkreślenia, gdy tylko jest to możliwe, i ograniczaj długość. Rozważ kilka przykładów (na czerwono są nazwy użytkowników, których nie używasz, na zielono są nazwy użytkowników, których byś używał):

Mary'sB&B:
mary_bed_breakfast|marysbedandbreakfast|marysbnb
Omni: omninewyork | omni2 | omni_besttech | Omni
Wholer Foods: wholerfoods4u | wholer_foods_nyu | Wholerfoods

Ogólnie rzecz biorąc, potrzebujesz wysokiej jakości zdjęcia profilowego. Zazwyczaj logo Twojej firmy jest dla Ciebie – pamiętaj tylko, że im wyraźniejsze i mniej zatłoczone, tym lepiej. Pamiętaj, aby dostosować logo, jeśli w przeciwnym razie nie pasowałoby do ustawienia zdjęcia profilowego.

Nazwy użytkowników i zdjęcia profilowe to podstawowe informacje na wielu platformach — poniżej przedstawiono najlepsze praktyki dotyczące konfigurowania profili społecznościowych dla poszczególnych platform, uszeregowanych według ważności: [2]

Google Business

Profile firmowe to usługa oferowana przez Google, która umożliwia wyszukiwanie Twojej firmy w wyszukiwarkach i aplikacjach mapowych. Jeśli Twoja firma ma fizyczną lokalizację, jest to niezbędny pierwszy krok i gwarantuje większy ruch do Twojej lokalizacji. Profile biznesowe to także miejsca, w których klienci mogą wystawiać opinie na temat swoich doświadczeń, które mogą dodatkowo służyć jako dowód społeczny do przekształcania ruchu cyfrowego w rzeczywistych klientów. Jako

---

[2] Na wszystkich platformach spróbuj zweryfikować swój profil. Zwykle wymaga to po prostu, aby Twoja firma została przedstawiona w artykułach opublikowanych przez główne organizacje medialne. Chociaż instrukcje dotyczące weryfikacji różnią się w zależności od platformy, pamiętaj, aby zapytać o proces i przesłać prośbę o weryfikację, gdy Twoja firma spełni wymagania dotyczące mediów.

właściciel profilu firmowego możesz odpowiadać na pytania, odpowiadać na opinie, konfigurować alerty, włączać wiadomości bezpośrednie i publikować posty.

Zwróć uwagę na profil Google Business Morton's Steakhouse, który pojawia się, gdy miejscowi wyszukują "steakhouse" lub "steak near me". W ten sposób profile Google Business skutecznie wprowadzają klientów do restauracji i kierują ich do fizycznej lokalizacji.

---

[3] *Profil Google Business, Morton's.*
[4] *Profil Google Business, Proving Ground Waterfront Dining.*

Ten profil Google Business można przeszukiwać w Mapach Google. Dostarcza potencjalnym klientom przydatnych informacji, takich jak godziny pracy, sposoby kontaktu, popularne godziny i linki do rezerwacji.

W Google profile firmowe są dołączane do fizycznej lokalizacji, nazwy i kategorii firmy. Każdy może przesłać lokalizację profilu firmowego, co oznacza, że Twoja firma może masz już profil. Jeśli tak, musisz zgłosić prawa do profilu i zbudować na nim. Jeśli nie, musisz utworzyć go dla swojej firmy.

Aby zgłosić prawa do profilu, najpierw wyszukaj swoją firmę (za pomocą adresu lub nazwy) w Mapach Google. Następnie kliknij "zgłoś prawa do tego profilu" i postępuj zgodnie z instrukcjami.

Aby utworzyć profil, przejdź do google.com/business i kliknij "zarządzaj teraz". Kliknij "dodaj swoją firmę do Google" i podaj niezbędne informacje. Obejmuje to nazwę firmy, adres, obszar działalności, kategorię działalności i dane kontaktowe.

Po utworzeniu lub zgłoszeniu praw do profilu zoptymalizuj go, aby dobrze działał w wyszukiwarkach, wykonując następujące czynności:

Logo i opis. To są podstawy. Dodaj przyjemne wizualnie logo i opis obejmujący działania i oferty firmy. Pomyśl o opisie jak o skoku windy: przeprowadź pomysł i propozycję wartości w zwięzły, poprawny gramatycznie i przyjazny dla algorytmu sposób.[5]

Dodaj zdjęcia i filmy. Pomoce wizualne dodają głębi, poprawiają legitymację i przyciągają uwagę. Uwzględnij zawartość, która obejmuje zewnętrzną część fizycznej lokalizacji firmy (jeśli istnieje), wnętrze, oferowane produkty lub usługi oraz zespół.

---

[5] Przez przyjazny algorytm rozumiem opisywanie biznesu i działań biznesowych za pomocą wspólnych słów kluczowych i wpisów wyszukiwania - nie czas na duże słowa!

Dane kontaktowe. Dodaj godziny pracy i informacje kontaktowe. Aby śledzić połączenia przychodzące z profilu firmy, dodaj niepowtarzalny numer, który nie jest widoczny nigdzie indziej.[6]

Pozyskiwanie recenzji i zarządzanie nimi. Zachęcaj klientów w jakiś sposób do pozostawienia recenzji lub poproś stałych bywalców i znajomych o pozostawienie recenzji. Będziesz chciał zebrać co najmniej kilkadziesiąt recenzji gwiazdek 4.5 +, zanim dowód społeczny zostanie w dużej mierze osiągnięty. Następnie zdobycie większej liczby recenzji nie musi być priorytetem. Dodatkowo poświęć trochę czasu na odpowiedź na recenzje, zarówno pozytywne, jak i negatywne.

Dodaj produkty i usługi. Jest to dramatycznie niewykorzystana funkcja, więc w pełni ją wykorzystaj. W panelu Google Moja Firma otwórz "produkty" w menu po lewej stronie. Karta produktów umożliwia dodawanie towarów (zarówno fizycznych, jak i cyfrowych) i usług bezpośrednio do profilu GMB (restauracje powinny dodawać oferty pod popularnymi daniami i funkcjami menu, a nie za pośrednictwem produktów). Jest to potężne narzędzie, ponieważ wymienione produkty mogą bezpośrednio pozycjonować się w wynikach wyszukiwania, wysyłając w ten sposób klientów, którzy szukają nie tylko Twojej firmy lub kategorii biznesowej, ale także konkretnych produktów.

---

[6] Chociaż Google Moja Firma udostępnia analizy atrybucji połączeń w raporcie Insights, obejmuje on tylko urządzenia mobilne typu "kliknij, aby połączyć", a nie wszystkie połączenia wykonywane za pośrednictwem tego numeru

Wystawiając produkty i usługi, upewnij się, że Twoje zdjęcia są liczne i wysokiej jakości. Zatrudnienie fotografa lub praca z przyjacielem hobbystą jest więcej niż tego warta. Podobnie jak w opisie profilu Google Business, spróbuj uwzględnić słowa kluczowe w nazwie i opisie produktu (w rozsądny sposób zasięg – przeciążenie przynosi efekt przeciwny do zamierzonego). Masz 1000 znaków na opisanie produktu, więc w pełni wykorzystaj to miejsce. Ponadto, chociaż nie musisz dodawać informacji o cenach, możesz to zrobić, jeśli ceny nie zmieniają się często. Na koniec wybierz przycisk CTA, który pasuje do Twojego lejka; Jeśli sprzedajesz online, przycisk "Zamów online" zazwyczaj działa najlepiej, podczas gdy jeśli sprzedajesz tylko w fizycznej lokalizacji, "Dowiedz się więcej" lub "Kup" jest najlepszym rozwiązaniem (przyciski te powinny następnie przekierowywać do strony docelowej zachęcającej klientów do fizycznego zaangażowania się w Twoją firmę). Korzystając z tych wskazówek, wyświetlaj listę produktów i usług w maksymalnej ilości, na jaką pozwala Twoja firma, ponieważ więcej ofert będzie służyć tylko zwiększeniu pozycji w rankingu i zwiększeniu ruchu.

Regularnie sprawdzaj statystyki. W sekcji Analizy w panelu Google Moja Firma możesz zobaczyć wpisy wyszukiwania wprowadzane przez klientów, aby znaleźć Twój profil firmowy, działania, które podejmują raz w profilu, oraz względną skuteczność treści w profilu. Sprawdzaj te analizy w regularnych odstępach czasu, aby zidentyfikować trendy w zainteresowaniu klientów. Wykorzystaj te informacje, aby jeszcze bardziej

zoptymalizować swój profil GMB, a także większą obecność w
mediach społecznościowych.

Na Instagramie

Konfigurowanie zoptymalizowanego profilu na Instagramie rozpoczyna się od nazwy użytkownika. Wybierz nazwę użytkownika i zdjęcie profilowe zgodnie ze wskazówkami dotyczącymi najlepszych praktyk na stronie dwudziestej drugiej. Wybierz kategorię reprezentującą Twoją firmę i upewnij się, że jest ona ustawiona jako publiczna w profilu. Podobnie, wpisz pełną nazwę firmy lub slogan biznesowy w sekcji "nazwa" (zwłaszcza jeśli nazwa jest zbyt długa, aby działać jako nazwa użytkownika) i połącz stronę główną swojej firmy w sekcji witryny.

Wykorzystaj następującą strukturę jako punkt wyjścia do napisania opisu na Instagramie:

- Zacznij od jednej lub dwóch linii, które wyróżniają usługi lub produkty świadczone przez Twoją firmę i identyfikują docelowych odbiorców. Nie rób tego zbyt długiego lub rozwlekłego: skup się na prostocie i jasności.
- Dołącz wezwanie do działania wynikające ze strategii cyfrowej. Czy próbujesz przyciągnąć widzów społecznościowych i obserwujących do swojej witryny? Czy próbujesz nakłonić ich do nawiązania połączenia z Tobą lub odwiedzenia fizycznej lokalizacji Twojej firmy?

Cokolwiek to jest, użyj tej linii, aby zachęcić lub zachęcić widzów do pójścia tą ścieżką.

- Jeśli wkrótce pojawi się specjalna promocja, oferta lub nowy produkt / usługa, rozważ umieszczenie tego w biografii jako linii.

- Ogólnie rzecz biorąc, dodaj emotikony, aby dodać kolor i pizzazz, oraz dodaj słowa kluczowe, które opisują Twoją firmę i jej ofertę.

Zwróć uwagę na następujące nakazy i nakazy:

---

[7] *Instagram: suplementy B&N, Lucky's Markets.*

Use of
custom
hashtag

Messy link

Visually enticing logo that clearly
imparts the business name.

Description desribes
the product and the
target audience.

8

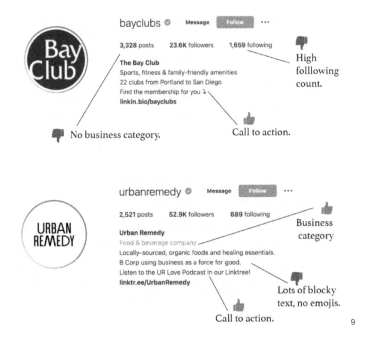

bayclubs ⊘   Message   Follow   ...

3,328 posts   23.6K followers   1,659 following

The Bay Club
Sports, fitness & family-friendly amenities
22 clubs from Portland to San Diego
Find the membership for you ↓
linkin.bio/bayclubs

High folllowing count.

No business category.

Call to action.

urbanremedy ⊘   Message   Follow   ...

2,521 posts   52.9K followers   889 following

Urban Remedy
Food & beverage company
Locally-sourced, organic foods and healing essentials.
B Corp using business as a force for good.
Listen to the UR Love Podcast in our Linktree!
linktr.ee/UrbanRemedy

Business category

Lots of blocky text, no emojis.

Call to action.

9

Po zakończeniu biografii przejdź do ustawień > konta > przełącz się na konto profesjonalne. Spowoduje to przeniesienie strony na Instagramie z konta osobistego na konto firmowe i umożliwi połączenie się z powiązanym kontem na Facebooku Twojej firmy. Konta firmowe na Instagramie mają dostęp do statystyk postów i obserwujących, promocji i opcji kontaktu profilowego.

Po przeniesieniu strony na konto profesjonalne dodaj opcje kontaktu do swojego profilu. Najlepiej dodać numer telefonu, adres e-mail i wskazówki dojazdu do fizycznej lokalizacji (jeśli

---

[9] *Instagram: Bay Club, Urban Remedy.*

dotyczy to Twojej firmy). Te opcje kontaktu są ważnym krokiem w przekształcaniu widzów społecznościowych i obserwujących na Instagramie w klientów.

W tym momencie profil Twojej firmy na Instagramie powinien mieć następujące elementy:

- Nazwa użytkownika.
- Zwięzłe i atrakcyjne wizualnie zdjęcie profilowe.
- Kategoria biznesowa.
- Nazwa firmy lub slogan (wiersz nazwy).
- Opis, który przedstawia firmę i powiązane oferty, określa grupę docelową i przedstawia wezwanie do działania.
- Konwersja na konto profesjonalne.
- Opcje kontaktu.

Większość Twojej pracy odbywa się pod względem rzeczywistej konfiguracji profilu. To powiedziawszy, gdy dopiero zaczynasz konto, dodatkową najlepszą praktyką jest utworzenie kilku postów wprowadzających - zapewnia to, że nie zaczynasz od zera postów podczas udostępniania konta. Powinny one zapewniać podstawową warstwę informacji i treści na temat Twojej firmy, takich jak fizyczna lokalizacja (jeśli istnieje), zespół lub założyciele, strona internetowa, ładnie wyglądający zestaw slajdów lub wydarzenie. Opublikuj co najmniej trzy posty tego typu (karuzele są najlepsze, choć nie konieczne) zgodnie z utworzeniem profilu.[10] Po zakończeniu Twój firmowy profil na Instagramie jest gotowy na cały świat.

---

[10] Karuzele odnoszą się do postów na Instagramie zawierających więcej niż jedno zdjęcie.

Rejestrowanie

LinkedIn to sieć społecznościowa dla profesjonalistów. Chociaż jest znany ze swojej popularności wśród społeczności technologicznej, LinkedIn dociera do ogromnej społeczności ponad 800 milionów członków i 58 milionów zarejestrowanych firm. HubSpot stwierdził, że LinkedIn jest o 277% bardziej skuteczny w generowaniu potencjalnych klientów niż Facebook i Twitter, podczas gdy 80% potencjalnych klientów B2B pochodzi z LinkedIn - z tych wszystkich powodów i wielu innych, LinkedIn jest potężnym narzędziem sieciowym i marketingowym nie tylko dla Twojej marki osobistej, ale także dla Twojej firmy.[11]

Firmy na LinkedIn mogą tworzyć strony firmowe, aby promować swoje produkty lub usługi, publikować i udostępniać treści, identyfikować możliwości B2B, zwiększać obecność w wyszukiwarce i identyfikować kandydatów do pracy.[12]

Aby utworzyć stronę biznesową LinkedIn, musisz spełnić następujące wymagania:

---

[11] HubSpot określił współczynnik konwersji LinkedIn na 2,74% w porównaniu z 0,77% dla Facebooka i 0,69% dla Twittera.

[12] Zwłaszcza poprzez strony LinkedIn Showcase, które są rozszerzeniem stron biznesowych LinkedIn, które podkreślają i promują określoną markę lub produkt.

- Utrzymuj osobisty profil LinkedIn przez co najmniej siedem dni, łącz się ze współpracownikami i uzyskaj siłę profilu co najmniej "pośrednią".

- Utrzymuj firmową stronę internetową i adres e-mail oraz podaj siebie jako aktualnego pracownika swojej firmy w sekcji "doświadczenie" swojego profilu LinkedIn.

Następnie kliknij ikonę "praca" w prawym górnym rogu pulpitu nawigacyjnego LinkedIn i kliknij przycisk "utwórz stronę firmową". Wybierz "mała firma", wypełnij profil firmy i kliknij "utwórz stronę". Aby w pełni zoptymalizować stronę, wykonaj następujące dodatkowe czynności:

- Dodaj niestandardowe zdjęcie w tle (1584 x 396 pikseli). Ten obraz powinien koncentrować się na kluczowym elemencie lub Twojej firmie lub produkcie i dążyć do zminimalizowania rozpraszających elementów.

- Napisz podsumowanie w sekcji "informacje", wyraźnie opisując historię i produkty lub usługi Twojej firmy. Uwzględnij słowa kluczowe (jak zawsze, w rozsądnym zakresie) w podsumowaniu.

- Jeśli masz pracowników, upewnij się, że mają osobiste profile LinkedIn i podaj swoją firmę jako miejsce zatrudnienia. Pamiętaj, aby dodać przycisk "śledź nas na LinkedIn" do swojej witryny.

- Jeśli chcesz zatrudnić (lub kiedykolwiek znaleźć się w takiej sytuacji), możesz przyciągnąć pracowników za pośrednictwem strony kariery, która przedstawia historię

Twojej firmy, wartości i możliwości zatrudnienia potencjalnym kandydatom. Mogę za to osobiście ręczyć – znalazłem swoją pierwszą pracę za pośrednictwem LinkedIn.

- Twórz grupy LinkedIn i dołączaj do nich. Rozważ utworzenie grupy LinkedIn dla swojej firmy lub tematu związanego z firmą.

- Wykorzystaj narzędzia do śledzenia i analizy w LinkedIn, przede wszystkim analitykę strony firmowej, aby dowiedzieć się, w jaki sposób obserwujący wchodzą w interakcję z Twoją stroną i treścią (oraz zebrać informacje demograficzne).

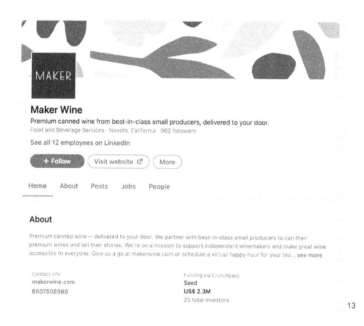

Maker Wine
Premium canned wine from best-in-class small producers, delivered to your door.
Food and Beverage Services · Novato, California · 962 followers

See all 12 employees on LinkedIn

+ Follow   Visit website   More

Home   About   Posts   Jobs   People

About

Premium canned wine — delivered to your door. We partner with best-in-class small producers to can their premium wines and tell their stories. We're on a mission to support independent winemakers and make great wine accessible to everyone. Give us a go at makerwine.com or schedule a virtual happy hour for your tea... see more

Contact info
makerwine.com
6507508989

Funding via Crunchbase
Seed
US$ 2.3M
25 total investors

13

---

[13] LinkedIn: Maker Wine

Pamiętaj, że profil zawiera długi opis, dane kontaktowe i statystyki finansowania potwierdzające słudzebność społeczną.

Te kroki zapewniają, że Twoja firma będzie pozycjonowana organicznie w głównych wyszukiwarkach i w LinkedIn. Aby połączyć się z profesjonalistami i firmami w ekosystemie LinkedIn, a także publikować nowe wydarzenia lub oferty, utrzymywać kontakt z obecnymi klientami i kierować ruch w dół lejka, najlepiej regularnie publikować treści na LinkedIn. Jeśli masz już bloga na swojej stronie internetowej, możesz łatwo zmienić przeznaczenie treści do publikowania na LinkedIn. Jeśli nie, może to być dobry pomysł

Aby samodzielnie tworzyć treści, zlecać tworzenie treści na zewnątrz lub współpracować ze stażystą lub innym tanim rozwiązaniem w celu generowania atrakcyjnych treści. Podczas gdy w dalszych sekcjach zajmiemy się sztuką minimalizowania wysiłku i tworzenia treści o maksymalnych wynikach, na razie miej te pomysły z tyłu głowy.

Ogólnie rzecz biorąc, LinkedIn jest praktycznym wymogiem dla współczesnych firm z cyfrową obecnością. Korzystając z profesjonalnej sieci dostępnej na LinkedIn, upewnij się, że nie koncentrujesz się na najważniejszych wskaźnikach LinkedIn jako podstawowej mierze sukcesu (wyświetlenia, obserwujący itp.), Ale na stopniu, w jakim możesz wprowadzić widzów do swojej firmy, dalszych połączeń i pozyskać długoterminowych klientów.

Na Facebooku

Facebook jest największą platformą mediów społecznościowych na świecie pod niemal każdym względem - z 2,91 miliarda aktywnych użytkowników miesięcznie, Facebook jest niezbędny dla firm każdej wielkości. Założenie firmy na Facebooku zaczyna się od strony na Facebooku, która jest niezbędna do uruchamiania reklam, a także do przechwytywania korzyści płynących z akumulacji ekspozycji społecznościowej i społecznej. Strony firmowe na Facebooku są połączone z osobistymi kontami na Facebooku. Po zalogowaniu się na konto odwiedź stronę facebook.com/pages/creation, aby skonfigurować stronę firmową. Dodaj nazwę strony (nazwę firmy) i zdjęcia w tle. Wypełnij sekcję "informacje", podając dane firmy, adres, dane kontaktowe, stronę internetową i godziny pracy. Następujące sekcje tworzą Twoją nową stronę biznesową:

Społeczność: ta sekcja jest zwykle druga po stronie głównej w ruchu i jest miejscem, w którym pojawiają się posty, a także zdjęcia i treści wideo
w górę. Treści te mogą być tworzone przez klientów, a nie tylko administratorów strony, i oferują możliwość bezpośredniej interakcji z klientami.

Wydarzenia: sekcja wydarzeń oferuje przestrzeń do prezentacji i promowania nadchodzących wydarzeń firmowych lub społecznościowych. Możesz także zapraszać inne osoby do utworzonych wydarzeń.

Opinie: na tej karcie klienci mogą wystawiać opinie o Twojej firmie i usłudze. Chociaż możesz ukryć kartę recenzji, te recenzje pojawiają się u góry strony, a dobre recenzje są potężnym wskaźnikiem dowodu społecznego.

Usługi: możesz wypełnić tę sekcję, aby podać informacje o usługach oferowanych przez Twoją firmę. Obejmuje to informacje o cenach.

Sklep: w zakładce Sklep możesz zaangażować się w e-commerce, bezpośrednio wystawiając swoje produkty. Klienci mogą kupować bezpośrednio ze strony, a sprzedaż jest wysyłana bezpośrednio na Twoje konto bankowe w łatwym wejściu do e-commerce.

Oferty: ta sekcja umożliwia publikowanie ofert specjalnych lub rabatów i stanowi świetny sposób na zwiększenie zaangażowania na stronie, ponieważ klienci są zachęcani do zawierania ofert w miarę ich pojawiania się.

Pamiętaj, aby wypełnić sekcje, które pasują do Twojego lejka i strategii cyfrowej – na przykład, jeśli Twoja firma może skorzystać z oferowania klientom e-commerce, wykorzystasz stronę "sklepu" na Facebooku bardziej niż, powiedzmy, salon fryzjerski. Rozwijanie strony organicznie poprzez treści i angażuj klientów w jak największym stopniu.

Użyteczność Facebooka, poza możliwością tworzenia i zarządzania społecznością, pochodzi z reklam na Facebooku i Instagramie. Oba są potężnymi narzędziami do przesyłania treści do ciepłych użytkowników (na przykład osób w Twojej społeczności geograficznej lub tych, którzy najprawdopodobniej będą chcieli Twoich produktów lub usług) na dużą skalę.[14] Pominiemy teraz dyskusję na temat tych narzędzi, ponieważ pojawi się ona w rozdziale 8.

15

Zwróć uwagę, jak @TheAlmondDip angażuje swoich odbiorców poprzez pytania, wypełnia swój profil i regularnie udostępnia treści.

---

[14] W rzeczywistości 75% marek promuje swoje posty na Facebooku zgodnie z Brandwatch.
[15] *LinkedIn: Sos Bitchin'*

Na Pintereście

Konta firmowe na Pintereście oferują analizy, opcje reklam, różne typy treści i wczesny dostęp do nowych funkcji. Aby utworzyć firmowe konto na Pintereście, przejdź do business.pinterest.com. Wypełnij podstawowe ustawienia i potwierdź stronę swojej firmy. Umożliwia to śledzenie treści przypinanych przez użytkowników z witryny i uzyskiwanie dostępu do dalszych analiz międzyplatformowych. Na koniec połącz inne konta społecznościowe z profilem Pinteresta, który ułatwia udostępnianie treści między platformami, i rozważ utworzenie początkowych tablic (a także pinów do kupienia, w zależności od firmy).

16

17

---

[16] *Pinterest: Boohoo*
[17] *Pinterest: jewelry1000.com*

Ulta Beauty ✓

Eco-friendly · Invested in good

ulta.com · The Possibilities Are Beautiful. Follow our boards for the best beauty inspiration and how to s!

672.4k followers · 104 following

10m+ monthly views

⬆ (Follow) •••

18

Serwis YouTube

YouTube to znacznie więcej o odpowiednim projektowaniu wideo niż projektowaniu profilu. Mimo to podstawy są ważne. Podczas konfigurowania firmowego kanału YouTube najpierw zaloguj się w YouTube na konto Gmail powiązane z Twoją firmą. Następnie kliknij "mój kanał" z menu rozwijanego pod ikoną w prawym górnym rogu ekranu. Kliknij "użyj nazwy firmy lub innej" w lewym dolnym rogu i postępuj zgodnie z instrukcjami, by utworzyć konto marki.

Po skonfigurowaniu konta marki wypełnij profil za pomocą ikony kanału, odpowiednika zdjęcia profilowego, oraz grafiki kanału (np. obrazu banera). [19] Następnie wypełnij opis kanału – ta sekcja o oferuje znacznie więcej miejsca niż inne platformy, więc rozważ skopiowanie tekstu "o" ze strony internetowej Twojej firmy lub rozwinięcie tekstu bio pochodzącego z innego profilu firmy. W tej sekcji można również dodać wiele linków. Pamiętaj, aby połączyć swoją witrynę, profil firmowy Google i wszystkie inne linki, które uważasz za niezbędne dla Twojej firmy i ścieżki. Pamiętaj, że konta społecznościowe są połączone z banerem na stronie głównej Twojego kanału, aby zwiększyć ich widoczność.

Pamiętaj też, że YouTube oferuje miejsce na "zwiastun kanału" na stronie głównej Twojego kanału. To jest film wyświetlany nowym widzom na Twojej stronie. Najlepiej skonfigurować ten zwiastun przed opublikowaniem innych treści,

---

[19] Ikony i banery kanałów mają odpowiednio rozmiar 800x800 i 1546x423 pikseli.

aby zapewnić maksymalną liczbę konwersji. Postaraj się, aby ten film był interesujący; Pomyśl o tym jak o pierwszym wrażeniu. W ten sposób, w przeciwieństwie do prostego wprowadzenia na stronę internetową Twojej firmy,

usługa lub lokalizacja, rozważ przejście swojej fizycznej lokalizacji (jeśli ją masz), wywiad z członkami zespołu, vlog z życia dyrektora generalnego lub coś podobnego. Atrakcyjny zwiastun kanału, nawet jeśli nie produkujesz regularnie treści w YouTube, znacznie przyczynia się do promowania Twojej strony YouTube jako węzła w Twojej większej obecności w mediach społecznościowych.[20]

---

[20] Playlisty i różne sekcje kanału możesz też skonfigurować, jeśli i kiedy Twoja firma zacznie tworzyć treści w YouTube.

W poniższych przykładach zwróć uwagę na użycie ikony i grafiki kanału, linków społecznościowych i do witryn w prawym dolnym rogu banera graficznego oraz atrakcyjnego zwiastuna kanału.

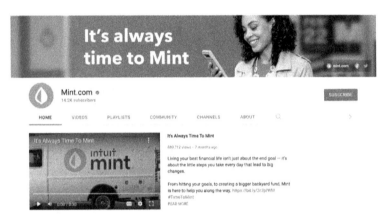

21

---

21 *YouTube: Mint.com*

22

23

---

[22] YouTube: Reign
[23] YouTube: MonsterInsights

TikTok

TikTok jest prosty pod względem konfiguracji profilu. Po prostu wybierz nazwę użytkownika i zdjęcie profilowe zgodnie z ustalonymi najlepszymi praktykami dotyczącymi nazwy użytkownika / zdjęcia profilowego i napisz poniżej 80-znakowej biografii przedstawiającej Twoją firmę. To musi być krótkie i zgryźliwe - nie ma miejsca nawet na deskryptor w stylu Instagrama. Dołącz emotikony i pamiętaj, że umiejscowienie słowa kluczowego jest całkowicie nieistotne. Rozważ dołączenie wezwania do działania w postaci linku biograficznego (najlepiej jest strona internetowa, strona produktu / usługi lub dostosowana strona docelowa) i sloganu, takiego jak "oferta poniżej" lub "Instagram". Użyj kilku strzałek w dół jako ostatniej linii tekstu biograficznego. Na koniec pamiętaj, aby przełączyć profil z konta osobistego na konto biznesowe TikTok. Pozwala to na analitykę, przycisk kontaktu e-mail i implementację linku do strony internetowej.

bitchinsauce ✓

BITCHIN' SAUCE

Follow

38 Following 15.9K Followers 11.7K Likes

The Almond Dip!
Family owned & operated in Carlsbad, California.

🔗 bitchinsauce.com

tomocredit ✓

Tomo

Follow

74 Following 1094 Followers 46.6K Likes

$0 Fees
$319+ In benefits from DoorDash, Lyft & more
Apply now 🆔 in minutes! 🚀

🔗 tomo.credit/tiktok

yahoofinance ✓   ↪ ···

Yahoo Finance

Follow

30 Following 312.1K Followers 6.9M Likes

Yes, we still exist 🐶 & we're the biggest business platform on the planet. 🌎

🔗 finance.yahoo.com/?ncid=tikt...

24

---

24 *Tiktok: Bitchin' Sauce, TomoCredit, Yahoo Finance*

Świergot

Ustanowienie obecności na Twitterze jest podobnie minimalistyczne; Wystarczy wybrać nazwę użytkownika i wstawić zdjęcie profilowe, grafikę nagłówka, lokalizację, biografię i stronę internetową. Zachowaj krótką biografię; Wtrącony humor jest powszechny na platformie (zwróć uwagę na drugi profil poniżej).

25

26

Twitter uzupełnia nasze spojrzenie na tworzenie profili społecznościowych dla Twojej firmy. Po zakończeniu wcześniejszych kroków Twoja firma ma dynamiczną obecność społeczną obejmującą wszystkie główne platformy medialne.

---

[25] Świergot: Sam Parr
[26] Świergot: Shaan Puri

Twoja firma zacznie pozycjonować się społecznie we wszystkich wyszukiwarkach i platformach społecznościowych, na których utrzymujesz obecność.

Przynosi to wrodzone korzyści: większa widoczność prowadzi do większej liczby klientów. Jednak ustanowienie obecności społecznej jest tylko pierwszym krokiem inteligentnej strategii cyfrowej - tworzenie treści społecznościowych i reklam w mediach społecznościowych uzupełnia strategię zaprojektowaną tak, aby umożliwić i zachęcić do skali znacznie wykraczającej poza to, co jest możliwe wyłącznie poprzez utrzymanie obecności społecznej. Następne części tej książki skupią się na tych imperatywach: najpierw na budowaniu publiczności (równoważnym w koncepcji marketingowi organicznemu), następnie na płatnym marketingu cyfrowym, a wreszcie na oddolnych strategiach marketingowych, które wykorzystują sieci społecznościowe w nietypowy, ale szczególnie skuteczny sposób.

Budowanie grona odbiorców

I

Ustabilizowanie swojej obecności cyfrowej jest ważnym pierwszym krokiem w zapewnieniu ekspozycji i zdobyciu większej liczby klientów. Jednak Twoje profile mogą zrobić tylko tyle: aby masowo rozwijać swój biznes za pomocą środków cyfrowych, można wybrać dwie ścieżki.

Te dwie ścieżki to budowanie publiczności i reklama, które można zasadniczo uznać za "marketing organiczny" w porównaniu z "płatnym marketingiem". Podczas gdy oba wymagają Czas i wysiłek, atakują problem rozwoju firmy online z różnych stron.

Marketing organiczny polega na tworzeniu świetnych treści, w które ludzie się angażują. Jeśli możesz to zrobić, jest to niska inwestycja i ma praktycznie nieograniczoną skalę.

Płatna reklama jest bardziej stabilna i zapewnia krótkoterminowe zyski, ale rzadko zapewnia asymetryczne lub nieoczekiwane zwroty i, w zależności od tego, jak zdecydujesz się to zrobić, zwykle wymaga więcej inwestycji.

W tej sekcji przyjrzymy się budowaniu grup odbiorców jako ścieżce do rozwoju firmy online. Osobiście wierzę w tę strategię bardziej niż w reklamę - jest to kreatywne i zabawne przedsięwzięcie (jeśli zostanie wykonane poprawnie), które widziałem, jak całkowicie zmieniło grę dla wielu małych firm, w tym kilku moich, w tani sposób.

Budowanie publiczności online odbywa się w aplikacjach społecznościowych. Nasza definicja "mediów społecznościowych" jest liberalna – na przykład e-mail jest medium społecznościowym, a także tekstem. Niezależnie od konkretnej aplikacji, budowanie odbiorców wymaga tworzenia treści: publikując treści, które ludzie lubią, konsumują i udostępniają światu, treści te mogą przyciągnąć konsumentów, którzy w przeciwnym razie nigdy nie usłyszeliby o Twojej firmie, do Twoich produktów i usług. Na wysokim poziomie zapoznaj się z czterema rodzajami treści, które możesz stworzyć (strona piętnaście), a twoja strategia społeczna powinna obejmować niektóre lub wszystkie z tych typów.

Najlepiej jest zbudować grupę odbiorców, która przelicza się na przychody i inne wskaźniki KPI za pośrednictwem następujących platform. Pamiętaj, że treści można udostępniać na wielu platformach – na przykład jeden post na blogu można udostępnić w witrynie, na stronie na Facebooku, koncie LinkedIn i liście e-mailowej, a następnie udostępnić jako relację na Instagramie. Zajmiemy się tym procesem później:

- **Strona internetowa:** budowanie listy e-mailowej za pośrednictwem witryny i tworzenie biuletynu lub bloga jest niezbędne.
- **Instagram:** warunek konieczny do budowania publiczności i tworzenia treści.
- **Facebook:** podobnie świetne miejsce do łączenia się ze społecznością i udostępniania wszystkich rodzajów treści.
- **LinkedIn**: LinkedIn może być dość lukratywną i dogodną platformą do ponownego udostępniania treści pisanych z bloga lub biuletynu.
- **TikTok:** nie , to nie tylko dla dzieci. TikTok jest wysoce skalowalny i stosunkowo łatwy do zdobycia dzięki krótkim filmom.

Mamy więc rodzaje treści, które możesz tworzyć, aby budować publiczność, oraz platformy, na których możesz je publikować. Zanim przejdziesz do dokładnych strategii i procesów niezbędnych do tworzenia treści, pomyśl o platformach, które zidentyfikowałeś jako najbardziej wartościowe dla Twojej firmy. To była połowa układanki - teraz możesz połączyć te informacje z typami treści, które są najlepsze dla każdej platformy.

Powiedz swoją strategię społeczną zidentyfikował Twoją witrynę, Facebook i LinkedIn jako najważniejsze media, na których Twoja firma będzie się rozwijać. Podstawowe typy treści opisane dla tej kolekcji platform to długi tekst, taki jak blog, a także kilka filmów przedstawiających Twoją firmę w witrynie i na stronie na Facebooku. W tym hipotetycznym przypadku masz teraz jasny obraz tego, jak zbudujesz swoją publiczność - tworząc kilka wysokiej jakości filmów do opublikowania na wszystkich platformach, aby przedstawić klientom swoją markę i oferty, a następnie regularnie tworząc pisemne treści do udostępniania na liście e-mailowej, stronie internetowej, profilu na Facebooku i profilu LinkedIn.

To jest proces myślowy, przez który powinieneś przejść Aby ustalić jasny obraz tego, w jaki sposób Twoja firma zbuduje sobie odbiorców online i bazę klientów.

Teraz przyjrzymy się najlepszym praktykom do tworzenia treści i zwiększania liczby odbiorców na wszystkich zidentyfikowanych do tej pory platformach społecznościowych. Możesz przeczytać tylko o platformach, z których będziesz faktycznie korzystać, lub o czymkolwiek poza swoimi zainteresowaniami i pomóc w zrozumieniu ogólnej przestrzeni budowania publiczności społecznej.

Budowanie i optymalizacja strony internetowej

Zaczniemy od co prawda większego tematu niż budowanie publiczności. Zbadamy nie tylko, jak zwiększyć grono odbiorców i przekształcić ich w klientów poprzez marketing e-mailowy i blogowanie, ale przede wszystkim jak skonfigurować stronę internetową, a także najlepsze praktyki dotyczące tworzenia stron internetowych i SEO (optymalizacja pod kątem wyszukiwarek, która odnosi się do tego, jak dobrze Twoja witryna plasuje się w przeglądarkach takich jak Chrome).

Chociaż możesz zdecydować się na outsourcing tworzenia stron internetowych, jeśli nie masz Witryna już, posiadanie podstawowej wiedzy na temat działania Twojej witryny to długa droga.

Budowanie witryny bez kodu składa się z domeny, narzędzia do tworzenia stron internetowych i planu hostingowego. Domena to adres URL Twojej witryny, na przykład mybusiness.com lub mybusiness.org. Kreator stron internetowych to ramy, za pomocą których można edytować swoją witrynę, podobnie jak ustawienia komputera. Hosting to serwer, na którym przechowywane są dane witryny.

Wdzięcznie, proces zakładania domeny, hostingu i strony internetowej jest obecnie dość łatwy, a także tani.

Zacznij od przejścia do GoDaddy w godaddy.com. Tutaj możesz wyszukać domenę, którą chcesz dla witryny swojej firmy.

"Yourbusinessname.com" jest najlepszym wyborem. Jeśli jest to nazwa pospolita, może być konieczne wybranie .co, .org lub czegoś podobnego. Po zidentyfikowaniu dostępnej domeny możesz skonfigurować hosting.

Z mojego doświadczenia wynika, że WordPress to najlepszy "kreator stron internetowych" dla małych firm. Prawie 70% internetu działa na WordPressie, a to pozwala na niemal całkowitą kontrolę nad stroną internetową, a także szeroki zakres dodatkowych funkcjonalności. Inne popularne narzędzia do tworzenia stron internetowych, takie jak Squarespace, Wix i Weebly, oferują bardzo ograniczony zakres narzędzi.[27]

Aby skonfigurować hosting WordPress, masz kilka opcji - GoDaddy uruchamia WordPress plany hostingowe za $ 6.99 miesięcznie (domena nie jest wliczona), podczas gdy BlueHost (bluehost.com) oferuje WordPress plan hostingowy za $ 2.99. GoDaddy ma nieco prostszy interfejs, ale poza tym obie usługi są prawie identyczne.

Niezależnie od tego, którą usługę zdecydujesz się wybrać, upewnij się, że kupujesz domenę za pośrednictwem tego dostawcy. Możesz połączyć domenę i domenę oraz plan hostingowy pod poniższymi linkami lub kupić je indywidualnie

---

[27] W zamian upraszczają proces konfiguracji strony internetowej. Jednak WordPress pozwala również na włączenie łatwych kreatorów przeciągania i upuszczania (takich jak Elementor). Jeśli szukasz ultra-uproszczonej opcji, wybierz Squarespace, Wix lub Weebly, po prostu wiedz, że jest to ogólnie gorsza opcja na dłuższą metę.

(pamiętaj tylko, aby wybrać właściwą domenę podczas konfigurowania planu hostingowego, a nie kupować nową).

godaddy.com/en-in/hosting/WordPress-hosting

bluehost.com/WordPress

W obu usługach upewnij się, że włączyłeś SSL (Secure Sockets Layer), który dołącza blokadę witryny za każdym razem, gdy odwiedzasz zweryfikowaną witrynę.

🔒 google.com

Teraz, gdy Twoja domena i plan hostingowy są skonfigurowane, możesz rozpocząć budowę swojej witryny w WordPress. Niezależnie od tego, czy w GoDaddy, czy Bluehost, przejdź do menu produktów i kliknij "edytuj moją witrynę" lub jakąś odmianę.

Znajdziesz się na pulpicie WordPress, który będzie wyglądał mniej więcej tak:

Na pierwszy rzut oka może to być trochę onieśmielające, więc podzielmy menu na lewą część ekranu:

- **Posty** to miejsce, w którym możesz tworzyć i publikować zawartość.
- **Media** to miejsce, w którym znajdują się zdjęcia, filmy i dokumenty przesłane do witryny.

---

[28] *Wordpress.org*

- **Strony** to miejsce, w którym można zarządzać zawartością (np. układem i słowami) każdej części (na przykład strony głównej, strony o niej itp.) witryny.
- **Wygląd** to miejsce, w którym możesz ustawić motyw witryny, zarządzać strukturą i dostosować wygląd.
- **Wtyczki** to miejsce, w którym możesz znaleźć całą bibliotekę dodatków gotowych do dodania funkcjonalności do Twojej witryny.
- **Użytkownicy** umożliwiają zarządzanie osobami, które mają konta w Twojej witrynie, od administratorów po klientów.
- **Ustawienia** umożliwiają zarządzanie niektórymi ogólnymi aspektami i elementami stylistycznymi witryny.

Twoja witryna nie jest obecnie publikowana. Aby przygotować go do publikacji, zacznij od wybrania wyglądu wizualnego strony internetowej. Przejdź do wyglądu > motywów i wybierz motyw (prosty na początek), który Twoim zdaniem reprezentuje Twoją markę i firmę. Możesz także wyszukać w Google najlepsze motywy dla swojego rodzaju działalności, aby znaleźć alternatywy, których nie ma we wbudowanym sklepie.

Następnie przejdź do wyglądu, > dostosować i ustawić tożsamość witryny, ustawienia globalne, stopkę, pasek boczny i nagłówek zgodnie z własnymi upodobaniami. Aby utworzyć nowy pagEdytuj wszystkie strony lub usuń ponownie zainstalowane strony, kliknij strony, > dodać nowe, strony > edycji lub strony > kosza. Aby zmienić menu najwyższego

poziomu, które pojawia się w nagłówku witryny, odwiedź menu
wyglądu >.

Gdy zaczniesz wypełniać zawartość strony, na przykład
na stronie głównej i stronie o nas, zwróć uwagę na znak "+" w
lewym górnym rogu edytowanych stron. Umożliwia to wstawianie
elementów strony, zwanych blokami, do strony. Jeśli nie jesteś
zadowolony z wbudowanej strony WordPress
edytorze, rozważ zainstalowanie wtyczki Elementor, która oferuje
nieco bardziej zaawansowaną edycję typu "przeciągnij i upuść".

Poza Elementorem rozważ zainstalowanie niektórych z
tych niezbędnych wtyczek (wszystkie mają bezpłatny plan):

Wtyczka SEO - Yoast SEO i Jetpack to dwie popularne wtyczki,
które pozwalają ulepszyć i lepiej zarządzać optymalizacją witryny
pod kątem wyszukiwarek.

Wtyczka Analytics - MonsterInsights i Google Analytics to dwie
popularne wtyczki, które zapewniają zaawansowaną analitykę.

Security Plugin - Akismet i Wordfence to dwie popularne
wtyczki, które chronią przed spamem i zapewniają zapory
ogniowe (rozważ również TrustedSite).

WPForms - umożliwia tworzenie i dodawanie interaktywnych
formularzy do Twojej witryny.
Updraft Plus - tworzy automatyczne kopie zapasowe Twojej
witryny.

WooCommerce - załóż sklep internetowy do sprzedaży produktów.

SmashBalloon – dodaje widżety mediów społecznościowych.

OptinMonster - zapewnia więcej subskrybentów poczty e-mail.

HubSpot – oferuje zarządzanie reputacją klienta (CRM).

Dostępne są dziesiątki tysięcy wtyczek, więc skonsultuj się z biblioteką wtyczek, gdy chcesz dodać funkcjonalność do swojej witryny.

Znasz już wszystkie podstawy WordPress - jak wybrać domenę, skonfigurować hosting, dodać motyw, zmienić wygląd witryny, dodać i edytować strony, zmienić menu nawigacyjne i zainstalować wtyczki.

Jeśli chodzi o stylistyczne i strategiczne decyzje dotyczące witryny, pamiętaj, że Twoja witryna powinna odzwierciedlać tożsamość marki w atrakcyjny wizualnie i prosty sposób. Nie przesadzaj z wtyczkami lub stronami i ogranicz liczbę wtyczek do niezbędnych. Pamiętaj, aby zmaksymalizować optymalizację pod kątem wyszukiwarek (SEO) za pomocą zainstalowanej wtyczki SEO, ponieważ zapewni to, że witryna z czasem się uszereguje (choć może to zająć trochę czasu - aby ręcznie zindeksować witrynę w Google, co przyspiesza proces, odwiedź search.google.com/search-console). Dodatkowo, jeśli planujesz sprzedawać produkty za pośrednictwem swojej witryny

WordPress, postępuj zgodnie z procesem konfiguracji WooCommerce.

Aby kultywować społeczność, uzyskać większą ekspozycję i zdobyć więcej klientów, blogowanie i marketing e-mailowy to nazwa gry. Szczególnie e-mail marketing jest koniecznością dla wszystkich firm, a blogowanie jest cenne, ponieważ zapewnia treści, które zwiększają widoczność w wyszukiwarce i mogą być udostępniane na innych platformach społecznościowych.

Marketing e-mailowy

E-mail jest masowo wszechobecną formą komunikacji społecznej z prawie czterema miliardami adresów na całym świecie. 73% ankietowanych konsumentów stwierdziło, że e-mail jest ich preferowanym kanałem marketingowym, podczas gdy średni zwrot z inwestycji w e-mail marketing wynosi 122%.

Marketing e-mailowy Wykorzystuje wiadomości e-mail i listy e-mailowe do sprzedaży produktów lub usług oraz wzmacniania relacji z klientami. Zaczyna się od przechwytywania wiadomości e-mail: a mianowicie od ustalenia, jak skłonić obecnych i potencjalnych klientów do podania adresu e-mail. Najczęściej osiąga się to za pomocą formularzy przechwytywania wiadomości e-mail podczas lądowania i Strony realizacji transakcji — prawdopodobnie doświadczyłeś tego sam podczas zaznaczania pól "Zapisz się do naszego biuletynu" na stronach realizacji transakcji lub podczas wpisywania adresu e-mail w witrynie, aby otrzymać specjalną zniżkę lub nagrodę. Po ustaleniu lejka do pozyskiwania wiadomości e-mail rozważ te klasyczne strategie e-mail marketingu (omówimy, jak zautomatyzować te procesy e-mail w dalszej części):

- **Witaj nowych subskrybentów i klientów powitalnymi wiadomościami e-mail** (i być może nagrodą). Natychmiast po tym, jak klient zapisze się na listę e-mailową Twojej firmy, wyślij mu wiadomość e-mail z krótkim podziękowaniem, tłem firmy, punktem sprzedaży lub nagrodą. Staraj się, aby ten e-mail był osobisty, ponieważ odbiorca prawdopodobnie nie miał wcześniej zbyt wiele interakcji z Twoją marką.

- **Regularnie wysyłaj newsletter.** Biuletyny to skuteczny sposób na zapewnienie klientom kontaktu z Twoją marką i firmą. Biuletyny (z których większość jest wysyłana co tydzień) mogą zawierać wiadomości, historie klientów i zespołów, posty na blogu i inne treści społecznościowe.

- **Udostępniaj aktualizacje, premiery i aktualizacje dotyczące Twojej firmy.** Lista e-mailowa to doskonały sposób na przekazywanie wiadomości o nowych aspektach Twojej firmy do bazy klientów. Włączenie pewnego rodzaju rabatu lub nagrody dla wczesnych widzów z pewnością zwiększy zaangażowanie.

Na szczęście nie musisz samodzielnie wysyłać tych e-maili - istnieje wiele potężnych usług automatyzacji, które ułatwiają marketing e-mailowy.

- **Mailchimp** & **Constant Contact** - Najlepszy Ogólnie
- **Kroplówka** - najlepsza dla sklepów e-commerce.
- **Hubspot** - najlepsze narzędzie CRM
- **Sendinblue** - najlepsze narzędzia do powiększania bazy klientów.

Skoncentruj się na automatyzacji podczas korzystania z tych usług. Na przykład skonfiguruj serię pięciu wiadomości e-mail, które będą wysyłane do wszystkich nowych subskrybentów poczty e-mail w ciągu pięciu tygodni (oprócz zwykłej treści) lub specjalną wiadomość z podziękowaniem lub nagrodę, która zostanie wysłana do klientów, którzy osiągną określony kamień milowy wydatków. Konfiguracja automatyzacji tego typu nie jest trudna: po prostu zapoznaj się z samouczkami na platformie e-mail marketingu, z którą zdecydujesz się pracować.

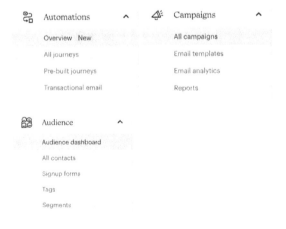

Narzędzia do automatyzacji, kampanii i odbiorców od Mailchimp.com

Pamiętaj, aby spersonalizować wszystkie emails, nagłówki i treści testowe A / B w celu optymalizacji otwartych współczynników w czasie i zwięzłości tekstu podstawowego.

Przejdźmy teraz do blogowania, który służy zwiększeniu głębi i zasięgu marketingu e-mailowego, jeśli zostanie prawidłowo wdrożony.

Blogowanie

A bLog to po prostu strona internetowa z chronologicznie uporządkowanymi informacjami, zazwyczaj w formacie podobnym do artykułu (długi tekst).
Obecnie prawie 600 milionów blogów istnieje w Internecie, podczas gdy 81% firm uważa swoje blogi za ważne (jak jej HubSpot), podczas gdy małe firmy, które blogują, uzyskują 126% większy wzrost liczby potencjalnych klientów niż małe firmy, które nie blogują (zgodnie z ThinkCreative).

Blogowanie służy do pozycjonowania Twojej witryny wyżej w Google i innych wyszukiwarkach, co oznacza, że więcej osób odkrywa Twoją firmę. Blogowanie pozwala również połączyć się z obecnymi odbiorcami i Pozycjonuj swoją markę jako autorytet w swojej dziedzinie.

Możesz łatwo założyć blog na swoich WordPress websOdwiedzając domyślną stronę "Posty" w menu "Strony". Ta strona faktycznie załaduje stopy twoich postów na blogu, które możesz utworzyć w WordPress poprzez "posty" "dodaj nowe". Możesz pobrać wtyczki, takie jak Elementor, SeedProd i Blog Designer, aby jeszcze bardziej dostosować wygląd strony bloga.

Podczas tworzenia postów na blogu skup się na treściach edukacyjnych wyszczególnianie tematu w swojej dziedzinie działalności. Posty powinny mieć co najmniej tysiąc słów, chociaż idealna długość SEO (optymalizacja pod kątem wyszukiwarek) wynosi około 2,000-2,500 słów. Ponadto upewnij się, że posty maksymalizują swoje SEO poprzez wybór wtyczek SEO opisanych wcześniej.

Powinieneś publikować artykuł na swoim blogu co najmniej raz w tygodniu. Ten rodzaj pracy można łatwo zlecić na zewnątrz – zbadamy proces tego procesu w rozdziale siódmym. Posty na blogu mogą być udostępniane w biuletynie (służąc w ten sposób do zwiększenia zaangażowania e-mail) oraz na kontach społecznościowych na innych platformachMs.

Zwróć uwagę na niektóre marki, które Z powodzeniem korzystaj z blogów, aby zwiększyć swój zasięg i zwiększyć zaangażowanie klientów:

Marketing meets inspiration

Browse how-to articles on starting, running, and marketing your business, plus thought-provoking podcasts and films to inspire your inner entrepreneur.

29

coinbase   Explore   Learn   Individuals   Businesses   Developers   Company   Sign in   Sign up

Most recent

Coinbase gets regulatory approval in Singapore

The First Global Crypto Tax Reporting Framework

Coinbase Wallet for Developers: The Best Walle...

30

HubSpot   Blogs ▾   Newsletters ▾   Videos ▾   Podcasts ▾   Resources ▾   🔍   HubSpot Products ▾

5 Steps to Create an Outstanding Marketing Plan [Free Templates]

31

---

[29] GoDaddy.com
[30] Coinbase.com
[31] Hubspot.com

Ponieważ posty na blogu będą wprowadzeniem Twojej marki i firmy dla wielu, upewnij się, że wiadomości są spójne z większą tożsamością marki i ofertą produktów.

Rozwijanie się na Instagramie

Instagram to stary pies sieci społecznościowych. Jest to najbardziej ugruntowana grupa inna niż Facebook i dominuje pod względem przychylności w porównaniu z Facebookiem wśród młodszych grup demograficznych. Podczas gdy Instagram wprowadza nowe funkcje w ciągu ostatnich kilku lat, które badają trendy zainicjowane przez młode aplikacje, takie jak TikTok (w szczególności bębny), główną funkcją aplikacji jest nadal sposób udostępniania treści fotograficznych.

Tak, rozwój na Instagramie tylko poprzez udostępnianie zdjęć stał się niezwykle trudny z biegiem lat, ponieważ zmiany algorytmu szkodzą szansom na dobre wyniki treści organicznych.

"Kołowrotki" na Instagramie to wersja TikTok wbudowany w Instagram, który prezentuje widzom krótki kanał wideo. Kołowrotki zapewniają najprostszy sposób na uzyskanie ekspozycji organicznej. Wszelkie filmy opublikowane na TikTok powinny być również publikowane na bębnach (i szortach YouTube, jak dojdziemy później), i odkryłem, że większość wzrostu na moich kontach na Instagramie pochodzi teraz z bębnów, w przeciwieństwie do organicznego zasięgu na zdjęciach.

Zwiększając grono odbiorców i tworząc treści na Instagram, najpierw rozważ zróżnicowanie. Istnieją miliony milionów kont na Instagramie w każdej niszy, w tym w Twojej firmie. Jeśli istnieje, ktoś prawdopodobnie już publikuje o tym na

Instagramie w jakimś kształcie lub formie. Z drugiej strony zróżnicowanie jest atrakcyjne – kiedy ludzie widzą nowe lub wyjątkowe rzeczy, będą się tego trzymać. Zastanów się, jak możesz wyróżnić się w niszy swojej firmy.

Ponadto użyj profili kolorów, aby zachować standardowe poczucie stylu na wszystkich zdjęciach. To samo w sobie pozwala na różnicowanie.

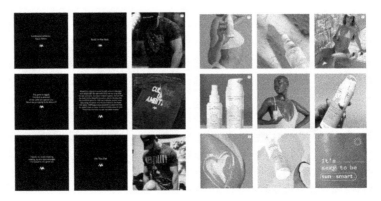

32

32 @mentality i @frank_bod

Dla tych, którzy szukają legalnego i skutecznego sposobu na przyspieszenie rozwoju biegu i dotarcie do prawdziwych ludzi, a nawet na dodanie odrobiny impulsu do konta i treści, reklamy na Instagramie i promocje postów są doskonałym rozwiązaniem. Oczywiście wymagają one pewnej ilości pieniędzy, aby rozpocząć, ale jeśli chcesz wydać tę kwotę, szybki rozwój marki osobistej lub biznesowej nie jest wyjątkowo trudny.

Po prostu połącz konto na Facebooku z kontem na Instagramie i promuj treści na swoim profilu, które Twoim zdaniem najlepiej reprezentują Twoją markę. Ustaw budżet i czas trwania, a następnie rozpocznij promocję. Skoncentruj swoją ogólną kampanię na kilku postach o wysokiej konwersji (które możesz zidentyfikować za pomocą analityki postów), jeśli chcesz wyłącznie zdobyć obserwujących, a jeśli chcesz, aby liczba polubień wzrosła we wszystkich dziedzinach, oprócz obserwujących, podziel ogólny budżet na każdy nowy post lub przynajmniej na wiele postów. Jeśli masz budżet, zalecam włączenie promocji do strategii rozwoju na wczesnym etapie - na przykład jest to świetny sposób na szybkie osiągnięcie 10 000 obserwujących, ale nie tak świetnie, gdy osiągniesz 100 000.

Ad ⓘ

5,887

Ad taps
from latest ad

Ad goal
Profile visits

Status   Completed

Spend $200.00 of $200.00
100% spent

Ta promocja postu o wartości 200 USD wygenerowała prawie

wizyty profilowe 6,000.

W związku z tym treści organiczne muszą przytłaczać wzrost pochodzący z reklam w dłuższej perspektywie, chyba że reklamy są niezwykle opłacalne. Reklamy tego rodzaju są po prostu uzupełniającym środkiem wspierającym treści organiczne i przeskakującym przez pewne luki algorytmiczne i społeczne (pod względem liczby obserwujących).

Następnie pamiętaj, że automatyzacja na Instagramie składa się z oprogramowania, które automatycznie lubi posty, wyświetla filmy, komentarze i obserwuje inne konta. Chodzi o to, że osoba po stronie odbiorcy polubienia, widoku lub komentarza może zdecydować się na sprawdzenie konta i obserwowanie go. Taki wynik może wystąpić tylko jeden z 500 zaangażowania, ale jeśli te działania mogą być wykonywane przez bota 10 000 razy dziennie, konta obserwujących mogą szybko rosnąć (przynajmniej początkowo). Usługi automatyzacji kosztują pewną

ilość pieniędzy, od 20 lub mniej dolarów miesięcznie do kilkuset.
Oni

Na dłuższą metę nie mają praktycznie żadnej wartości,
ponieważ wzrost z zawartości organicznej jest zawsze królem,
ale mogą być przydatne, gdy zaczynają od zera.

Porady i wskazówki na Instagramie:

- Z mojego doświadczenia wynika, że najłatwiejsza
  długość filmu do wyświetlenia wynosi mniej niż 20
  sekund. Powyżej 30 lat staje się trudniejsze, choć zależy
  to od twojej niszy.

- Pierwsze 3 sekundy mają znaczenie (przynęta), a
  ostatnie 3 sekundy mają takie samo lub większe
  znaczenie (haczyk). Jeśli masz świetną przynętę, ludzie
  będą obserwować aż do haczyka, a jeśli haczyk jest
  świetny, obejrzą ponownie. Oba elementy są potrzebne,
  aby osiągnąć >100% czasu oglądania, czyli od
  momentu, w którym możesz zacząć przyciągać
  prawdziwe widoki.

- Atrakcyjna wizualnie i wysoka energia działa najlepiej,
  chyba że brak wysokiej energii zapewnia efekt
  komediowy.

- Częstotliwość nie ma znaczenia, jeśli filmy są
  wystarczająco dobre (jakość bije wszystko, jeden
  wirusowy film jest lepszy niż pięćdziesiąt flopów), ale
  publikowanie co najmniej raz dziennie jest idealne do

założenia konta. Ponownie jednak, jeśli filmy są wystarczająco dobre, minimalna głośność nie istnieje.

- Uproszczenie i automatyzacja procesu produkcyjnego ma kluczowe znaczenie. Tworzenie wyzwań, które wymagają codziennego publikowania, jest łatwym sposobem na zrobienie tego i usunięcie twórczego wysiłku z równania.
- Jeśli chodzi o bębny na Instagramie, publikowanie musi być spójne, aby awansować w algorytmie wiadra. Zatrzymanie się na kilka tygodni obniżyło mnie z 50-100k średnich wyświetleń do ledwie przełamania 10k przez kilka kolejnych tygodni. Dodatkowo
- Pamiętaj, że współczynniki polubień i komentarzy nie mają znaczenia, jeśli chodzi o bębny, o czym świadczą te filmy:

Podsumowując, Instagram oferuje szeroką gamę potężnych opcji treści i ogromną publiczność, która je wspiera. Każda firma może znaleźć swój dom na platformie i wykorzystać narzędzia dostępne w pościgu

silniejszej społeczności i wyników finansowych.

Rośnie na TikTok

Nawet w standardzie mediów społecznościowych TikTok jest szalony. Uruchomiona przez ByteDance aplikacja osiągnęła 2,6 miliarda instalacji w ciągu 5 lat od uruchomienia, głównie ze względu na jej kapitalizację krótkich treści, które inne platformy (w szczególności Instagram przez Reels i YouTube przez Shorts) szybko przeniosły się do kopiowania. TikTok był wyjątkowy ze względu na algorytm oparty na wiadrach, który "testuje" treść przed promowaniem jej wśród szerszych odbiorców. Służy to temu, aby prawie każdy film stał się organicznie wirusowy, zakładając, że zaangażowanie jest wystarczająco dobre od samego początku. Drastycznie kontrastuje to z algorytmami aplikacji takich jak Instagram i YouTube, na których rozpoczęcie od zera jest notorycznie trudne.

Minusem wyjątkowo oportunistycznego algorytmu i krótkiej platformy treści jest to, że wyświetlenia mają mniejsze znaczenie (powiedzmy, 100k wyświetleń na TikTok nie jest tak cenny jak 100k wyświetleń na YouTube), a emigracja obserwujących na inne platformy jest niezwykle trudna (powiedzmy, z 100k TikTok obserwujących, tylko 1k może przekonwertować na obserwujących na Instagramie). Tak więc, chociaż może być znacznie łatwiej trafić dziesięć tysięcy obserwujących od zera na TikTok, te dziesięć tysięcy obserwujących nie znaczy tak wiele pod względem prawdziwych fanów i środków zarabiania, jak dziesięć tysięcy obserwujących na Instagramie, YouTube lub Facebooku.

Moje własne doświadczenia ilustrują te idee. Pierwszy film, jaki kiedykolwiek opublikowałem na TikTok, uzyskał więcej wyświetleń niż poprzednie dwa lata, które spędziłem na Instagramie i YouTube łącznie. Byłem w stanie 6x zwiększyć rozmiar moich ogólnych osobistych mediów społecznościowych w ciągu jednego roku na TikTok, a jednak nagrody były ponure poza platformą: prawie żaden crossover i żadnych pieniędzy zarobionych za 40 + milion bezpośrednich wyświetleń na trzech kontach, a także dwa razy więcej niż w repostach. Mając to na uwadze, TikTok jest świetny jako narzędzie do zarządzania lejkiem i dowodem społecznym, podczas gdy TikTok reklamy stanowią bezpośrednią okazję na platformie do rozwoju małej firmy.

Po latach powolnego wzrostu udało mi się szybko rozszerzyć moją ekspozycję i liczbę wyświetleń TikTok.

Przekażę format wideo, którego użyłem do szybkiego wzrostu, a także ogólne najlepsze praktyki dotyczące rozwoju firmy TikTok.

Sukces na TikTok zaczyna się od podejścia. TikTok polega na dostarczaniu wartości - konkurujesz o czas widzów, a filmy i powiązane konta, które konsekwentnie zapewniają największą wartość, przechwytują najwięcej czasu od widzów, co sprawia, że te filmy są promowane wśród szerszej publiczności, zachęcając w ten sposób do wirusowych, przypominających kulę śnieżną cykli dla twórców treści. W niszy Twojej firmy zapewnienie długoterminowego sukcesu to kwestia zidentyfikowania wartości, jaką zapewniają Twoje filmy i wartości, której oczekują Twoi odbiorcy, optymalizacji przyszłych filmów na podstawie takich informacji i powtarzania. Jeśli coś uderzy, biegnij z tym i buduj na tym. Jeśli nie, rób notatki.

Algorytm TikTok jest oparty na wiadrze. Algorytmy oparte na wiadrach dają każdemu szansę na wirusowość, w przeciwieństwie do opierania zasięgu w dużej mierze na wielkości odbiorców. Algorytm wiadra działa w następujący sposób, choć na znacznie bardziej abstrakcyjnym poziomie (np. "wiadra" nie są dosłownie oddzielone o rząd wielkości):

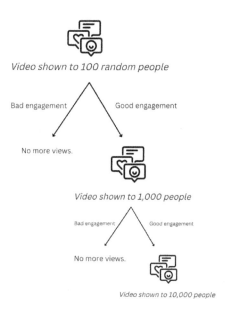

Video shown to 100 random people

Bad engagement / \ Good engagement

No more views.

Video shown to 1,000 people

Bad engagement / \ Good engagement

No more views.

Video shown to 10,000 people

Każdy film jest wyświetlany określonej liczbie osób. W zależności od tego, w jaki sposób te osoby zareagują na dany film, może on przejść do następnego segmentu, w którym film zostanie wyświetlony znacznie większej liczbie osób. [33] Pomijając dziwny przypadek, postępuje to do momentu, gdy wideo osiągnie maksymalną liczbę wyświetleń w swoim wiadrze, w którym to momencie się wyrówuje. Niektóre filmy mogą potrzebować kilku dni, aby zacząć nabierać rozpędu, a inne mogą zniknąć w ciągu dnia lub dwóch, w przeciwieństwie do jak w przypadku wirusowego wideo, tygodni. Gdy grono odbiorców rośnie i publikujesz więcej filmów, Twoje konto awansuje w

---

[33] Jak długo go oglądają, jak bardzo go lubią, udostępniają i komentują.

algorytmie, a Twoje filmy z pewnością znajdą się w wyższym koszyku. Dlatego duzi twórcy uzyskują miliony wyświetleń bez względu na to, co publikują: w pewnym sensie mogą pominąć proces oceniania.[34] Publikując filmy, zauważysz, że często szybko zdobywają znaczną liczbę wyświetleń, a następnie przestają zyskiwać, a następnie zaczynają od nowa. Czasami odstęp między okresami wysokiego wzrostu wynosi tylko minuty lub godziny, podczas gdy czasami różnica ta może trwać dni, a nawet tygodnie. W miarę jak wiadra stają się większe, wydłuża się czas potrzebny na zapełnienie wiadra, co oznacza, że wideo o objętości od kilkuset do kilku tysięcy wyświetleń może osiągnąć ten poziom w ciągu zaledwie kilku godzin, podczas gdy wideo o objętości od pół miliona do pięciu milionów wyświetleń może rozciągnąć ten wzrost bardziej równomiernie w ciągu dni lub tygodni. Co to oznacza dla Twojego konta i strategii TikTok?

---

[34] Słusznie, ponieważ sprawdziły się w przeszłości w sensie algorytmicznym

Po pierwsze, zauważ, że przyciąganie większej liczby wyświetleń staje się łatwiejsze, gdy stajesz się większy, ponieważ algorytm TikTok w dużej mierze gwarantuje wszystkim filmom na koncie określone miejsce w systemie opartym na warstwach. Nie jest to ani twarda zasada, ani taka, na której należy się skupić. Zamiast tego staraj się tworzyć najlepsze filmy, jakie możesz, i ostatecznie wymieszaj chleb i masło konta w filmy, w które publiczność nadal będzie się angażować (ponieważ w tym momencie rozwinąłeś markę w takim stopniu, że ludzie będą oglądać niezależnie od tego), ale wymagają znacznie mniej wysiłku niż główne czynniki wzrostu. Mimo to, jak mówi powiedzenie, zachowaj najważniejszą rzecz i pamiętaj, że początkowo tworzenie świetnych filmów i wiele z nich jest konieczne, aby zapewnić szybki wzrost algorytmu wiadra.

Drugim sposobem, w jaki te koncepcje wpływają na Twoje konto TikTok i strategia wideo, jest niewielka poprawa analityki wideo, przede wszystkim średni czas oglądania i procent obejrzanych pełnych filmów, daje ogromne wyniki i odwrotnie. To nie jest tylko retoryka lub jakiś standard moralny - optymalizacja ma znaczenie, a aby zilustrować ten punkt, są analizy z dwóch prawdziwych filmów na moim koncie:

476k wyświetleń

10,5/11s AWT (średni czas oglądania)

54.5% WFV (obejrzano cały film)

Video performance

Total time watched	Average time watched	Watched full video	Reached Audience
1437h:27m:13s	10.6s	54.5%	439.3K
+3.2% (-0.07%) ↑	+0.0s (+0%)	0% (-0.01%) ↓	+10 (+0.01%) ↑

5,2 mln wyświetleń

11,9/11s AWT

56,3% WFV

Video performance

Total time watched	Average time watched	Watched full video	Reached Audience
17353h:18m:25s	11.9s	56.3%	4.6M
+0.3% (-0.01%) ↑	+0.0s (+0%)	0% (-0.01%) ↓	+77 (+0.01%) ↑

Drugi film uzyskał 10 razy większą ekspozycję przy 5-10% różnicy w zaangażowaniu. Takie sytuacje są obecne wszędzie – podczas gdy z czasem wszystkie filmy na koncie z algorytmicznym prawdopodobieństwem osiągną pewną minimalną liczbę wyświetleń, osiąganie sukcesu wykraczającego poza ten standard i regularną wirusowość zależy od najważniejszej linii: małe ulepszenia, złożone, przynoszące ogromne wyniki.

Wnioski z tego powinny być takie, że świadome dążenie do optymalizacji i iteracji jest konieczne, aby zapewnić wzrost, a po znalezieniu formatu wirusowego należy go wykręcić na całą swoją wartość. Naprawdę, sedno sprawy i podstawowa koncepcja w odniesieniu do powyższego to wartość i zdolność do dostosowywania treści do potrzeb odbiorców w czasie.

Sukces na TikTok, a także na wszystkich platformach społecznościowych, sprowadza się do pytania, dlaczego ktoś ogląda wideo. Uważam, że sprowadza się to do zasady E&E: rozrywka kontra edukacja. Wszystkie treści medialne istnieją w dwóch spektrum, jednym o wartości rozrywkowej i jednym o wartości edukacyjnej. Identyfikacja wartości, jaką zapewniają Twoje filmy, polega na określeniu, gdzie w spektrum E & E istnieje wideo i nisza, a następnie zadaniu tego pytania: czy zapewnia wystarczającą ilość E & E w stosunku do najlepszych treści na świecie w Twojej niszy lub w stosunku do konkurencji biznesowej? Jeśli nie - jeśli Twoje filmy nie zapewniają tak dużo lub więcej edukacji, rozrywki lub kombinacji tych dwóch, najlepsze filmy na świecie w Twojej niszy, holistycznej i przełomowej sukcesie są mało prawdopodobne.

Na szczęście istnieje sposób na obejście tego - zasadniczo stwierdziłem, że sukces w mediach społecznościowych jest niezwykle trudny, jeśli nie jesteś w czymś najlepszy. Alternatywnie możesz po prostu stworzyć własną niszę - w ten sposób zapewnienie największej wartości rozrywkowej lub największej wartości edukacyjnej na świecie w tej niszy jest znacznie łatwiejsze, ponieważ jesteś dosłownie jedynym, który robi to w ten sposób. Zasadniczo obniżasz poprzeczkę i mieszasz wartość zaskoczenia. Tak więc, podczas gdy sukces jest z pewnością możliwy dzięki pokonaniu konkurencji, trwały sukces najłatwiej osiągnąć poprzez tworzenie treści, które nie mają konkurencji.

Weźmy niszę, w której zbudowałem swoją osobistą markę i biznes - w mediach społecznościowych są miliony twórców fitness, z których większość była bardziej kompetentna, silniejsza, lepiej wyglądająca lub lepsza w produkcji wideo niż ja.

Zamiast próbować z nimi konkurować, po prostu zdecydowałem się zrobić coś w niszy fitness, czego nikt inny nie robił w sposób, w jaki ja to robiłem. To były wyzwania fitness - okazało się, że za pierwszym razem, gdy zrobiłem wyzwanie, przyciągnąłem kilka milionów wyświetleń i dziesiątki tysięcy obserwujących w ciągu zaledwie miesiąca. Tworząc nową niszę, w przeciwieństwie do konkurowania w starej, natychmiast stałem się wyjątkowy, zaoferowałem wartość szoku i pokonałem ludzi, którzy na papierze byli lepszymi od mnie producentami mediów społecznościowych pod każdym względem.

Podsumowując, chciałbym zapoznać się z konkretnymi najlepszymi praktykami, których nauczyłem się w ciągu ostatnich kilku lat TikTok:

- Podobne proporcje są w dużej mierze nieistotne.
- Wskaźniki udostępnień i komentarzy są w dużej mierze nieistotne.
- Hashtagi są w większości nieistotne, tym bardziej, jeśli masz odbiorców. Zauważ, że TikTok praktycznie robi hashtagi dla Ciebie, gdy już poznają Twoich odbiorców, więc hashtagi naprawdę nie są konieczne. Po prostu użyj 2-3 na film, gdy zaczynasz, i odzwyczajasz je, gdy masz co najmniej 10k obserwujących, ustaloną niszę i solidną liczbę wyświetleń.

Studium przypadku z mojej biznesowej strony na Instagramie bez wcześniej ustalonej grupy odbiorców (około 800 obserwujących):

11,5 mln wyświetleń, 59,3 tys. polubień.

4.0 mln wyświetleń, 235 komentarzy.

Współczynniki polubień i komentarzy na tej stronie były niewiarygodnie słabe - mimo to, opierając się na czasie oglądania, filmy były w stanie uzyskać dobre wyniki. Powiem to jeszcze raz: czas oglądania jest ostatecznym wskaźnikiem, który należy traktować priorytetowo. Następnie zwróć uwagę na ogólne TikTok metryki, do których należy dążyć:

- Obejrzano cały film (WFV): - 50% ogólnie, 60-70%, jeśli jest krótszy.
- Średni czas oglądania (AWT): - >100%, jeśli jest poniżej 15 sekund, >125%, jeśli jest poniżej 10 sekund. Minimum - 75%

Liczby te, z mojego doświadczenia, działają w zakresie od kilkuset tysięcy wyświetleń do kilku milionów wyświetleń, w następujący sposób:

Czas trwania: 6 sekund

Video performance

Total time watched	Average time watched	Watched full video	Reached Audience
2311h:53m:31s	**9.0s**	**69%**	**842.6K**
+1.2m (+0.01%) ↑	+0.0s (+0%)	0% (-0.01%) ↓	+7 (+0.01%) ↑

Czas trwania: 9 sekund

Video performance

Total time watched	Average time watched	Watched full video	Reached Audience
12178h:41m:0s	**12.1s**	**69.5%**	**3.3M**
+1.8m (+0.01%) ↑	+0.0s (+0%)	0% (-0.01%) ↓	+10 (+0.01%) ↑

Czas trwania: 17 sekund

Video performance

Total time watched	Average time watched	Watched full video	Reached Audience
18583h:12m:12s	**16.0s**	**59.3%**	**3.9M**
+27.8m (+0.01%) ↑	+0.0s (+0%)	0% (-0.01%) ↓	+170 (+0.0%) ↑

Rozwój na Facebooku

Jako kwintesencja platformy mediów społecznościowych popularnej wśród starszych grup demograficznych, nie wspominając o skoncentrowanej na społeczności, rozwijanie obecności na Facebooku jest koniecznością, aby dotrzeć nie tylko do klientów w Twojej społeczności, ale do jak największej liczby z 2,9 miliarda użytkowników Facebooka.

Zgodnie z sekcją obecności społecznościowej powinieneś obecnie masz wypełniony profil firmowy na Facebooku.

Poza zoptymalizowanym profilem budowanie grona odbiorców na Facebooku sprowadza się do tworzenia i udostępniania treści, angażowania odbiorców i wyświetlania reklam. Reklamy nie są wymogiem w rozwijaniu strony, ale Facebook odchodzi od promowania treści organicznych w ostatnich latach, ponieważ średni zasięg organiczny posta na Facebooku wynosi obecnie około 5% wszystkich polubień strony (co oznacza, że bardzo niewielu obserwujących organicznie widzi publikowane treści).

Zaraz po uruchomieniu strony wykorzystaj istniejącą społeczność i kontakty, aby zbudować początkową grupę odbiorców. Na przykład, jeśli masz fizyczną lokalizację, poproś stałych klientów, aby śledzili Cię na Facebooku lub zapytaj o to samo znajomych. Początkowy krąg zaangażowanych klientów i przyjaciół może przejść długą drogę pod względem zasięgu organicznego.

Następnie skup się na stworzeniu silnego potoku treści. Powinieneś publikować co najmniej raz dziennie (staraj się o to, ale pamiętaj, że jakość wygrywa z ilością) i maksymalnie dwa razy dziennie. Ogólnie rzecz biorąc, treść powinna być mieszanką aktualizacji biznesowych, odpowiednich wskazówek i sugestii, profili partnerów, klientów lub społeczności, zainteresowań, ponownie udostępnionych treści i wszystkiego, co jest istotne dla firmy lub grupy docelowej (najlepiej byłoby, gdyby było to zarówno istotne dla firmy, jak i angażujące grupę docelową). Ta zawartość powinna być mieszanką zdjęć, filmów i tekstu — posty multimedialne, takie jak artykuł z obrazem nagłówka i film instruktażowy, zwykle działają najlepiej w porównaniu z pojedynczym typem multimediów. Postępuj zgodnie z najlepszymi praktykami dotyczącymi tworzenia treści, takimi jak mocne tytuły, angażujące elementy wizualne i ukierunkowane (nie więcej niż trzy) hashtagi. Korzystaj z analityki w czasie, aby dostosować czasy, w których powinieneś publikować, aby zmaksymalizować zaangażowanie.

Będziemy badać marketing influencer dalej - pamiętaj o tym jako niezwykle cennym narzędziu, jeśli chodzi o budowanie odbiorców na Facebooku, a także na każdej innej platformie społecznościowej.

Jeśli reprezentujesz firmę z fizyczną lokalizacją, skup się na tworzeniu treści skupionych wokół lokalnej społeczności. Dołącz do grup społecznościowych i utwórz je, aby kontaktować się z klientami związanymi z określonym tematem (na przykład grupa może zostać utworzona dla każdej fizycznej lokalizacji, corocznego wydarzenia lub branży biznesowej). Organizowanie lokalnych wydarzeń i reklamowanie strony na Facebooku to świetny sposób na zbudowanie lokalnej publiczności, a także bezpośrednią reklamę skierowaną do lokalnej społeczności za pośrednictwem reklam na Facebooku.

Jeśli Twoja firma nie ma dedykowanej fizycznej lokalizacji lub działa wyłącznie online, postępuj zgodnie z tym samym etosem - twórz grupy i dołączaj do nich, aby nawiązać kontakt z grupą docelową, a następnie regularnie otrzymywać treści, które przemawiają do docelowych odbiorców.

W przypadku każdego rodzaju działalności użyj funkcji posta z linkiem, podczas gdy możesz wkleić adres URL w polu tworzenia posta, a Facebook udostępni podgląd linku. Korzystaj również z historii na Facebooku, tak jak w przypadku historii na Instagramie, jako sposobu na regularne angażowanie się w obserwację bez konieczności udostępniania posta o dużym wysiłku. Regularnie przypinaj najskuteczniejsze lub bardzo trafne posty na górze strony na Facebooku i zachęcaj pracowników lub znajomych do ponownego udostępniania treści.

Pamiętaj, aby kontaktować się z odbiorcami zarówno w swoich treściach, jak i ich treściach, i regularnie oferować możliwości zaangażowania się w swoją markę, oferować opinie i sugestie oraz otrzymywać zniżki, nagrody lub uznanie.

Przyjrzyjmy się niektórym małym firmom, które skutecznie zwiększają grono odbiorców i klientów na Facebooku:

35

Zwróć uwagę na angażującą treść i mnogość udostępnianych zdjęć.

35 *Facebook: TomoCredit*

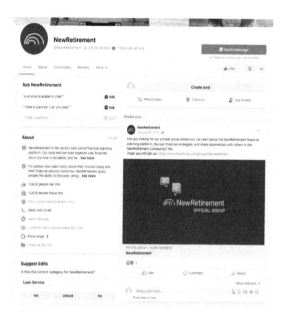

Zwróć uwagę @NewRetirement że pozwala użytkownikom bezpośrednio zadawać pytania za pośrednictwem Messagera i przypinać odpowiedni post z wezwaniem do działania.

Rozwój w YouTube

YouTube różni się od platform badanych wcześniej tym, że koncentruje się wyłącznie na innym medium: długich filmach. Wideo to inna bestia niż inne formy treści, ponieważ po prostu nie ma sposobu, aby obejść jego pracę; Pod koniec dnia nikt nie może sfałszować dobrego filmu o Twojej firmie. Tego samego nie można powiedzieć o tweetach, artykułach lub projektowaniu stron internetowych.

Tak więc YouTube jest trudny z tych powodów, ale łupy są ogromne...2 miliardy unikalnych osób korzysta z witryny każdego miesiąca (ustępując tylko Google.com), 80% amerykańskich marketerów jest przekonanych, że filmy z YouTube dobrze konwertują, a 70% widzów YouTube twierdzi, że kupiło produkt po zapoznaniu się z nim w reklamie YouTube. Dotyczy to tylko produktów kupowanych za pośrednictwem reklam – dla firm i twórców z udanymi kanałami YouTube zaangażowani fani szybko stają się lojalnymi i długoterminowymi klientami. W rzeczywistości ludzie zachowują 95% wiadomości konsumowanej za pośrednictwem wideo w porównaniu z 10% podczas czytania jej w tekście, a zjawisko to bezpośrednio przekłada się na utrzymanie marki i wpływ.

Tak więc, chociaż początkowo firmom trudniej jest zbudować obserwujących na YouTube w porównaniu z większością innych platform społecznościowych, łupy sukcesu na obserwatora Podstawa wyprzedza inne platformy.

Większość firm które tworzą treści w YouTube, pozycjonują się jako autorytety w swoich przestrzeniach, tworząc treści edukacyjne. Wiele osób publikuje również filmy szczegółowo opisujące, jak korzystać z platformy, wywiady z założycielami i członkami zespołu, wiadomości branżowe i relacje z wydarzeń.

Zwróć uwagę na te firmy, z których wszystkie skutecznie tworzą treści, które przyciągają widzów do ich produktów i usług:

36

37

---

[36] *YouTube: NerdWallet*
[37] *YouTube: Manscaped*

---

[38] YouTube: NowaEmerytura

Zwróć uwagę na użycie szortów YouTube przez Manscaped, silnego banera przez NerdWallet i długich treści przez NewRetirement.

Tak więc, wybierając YouTube dla swojej firmy, zastanów się, jaki rodzaj treści chcesz tworzyć w swojej niszy: czy istnieje luka w wiedzy, z którą borykają się Twoi klienci? Jaka jest asymetryczna wiedza w Tobie, Twoim zespole i Twojej firmie, która pozwala Ci robić to, co robisz, i jak możesz ją spakować dla odbiorców w YouTube? Te pytania określą Twoją strategię dotyczącą tożsamości i treści w YouTube.

Zawsze uważałem to za pomocne, aby natychmiast Napisz kilka pomysłów na filmy zaraz po wymyśleniu koncepcji kanału. Początkowo skup się na filmach z silnymi haczykami (aby dobrze sprawdzały się jako reklamy w YouTube) lub filmach, o których wiesz, że będą dobrze rezonować w Twojej społeczności lub kręgu zawodowym.

Będąc na ten temat, reklamy w YouTube mogą być potężnym i opłacalnym narzędziem do zwiększania ekspozycji i wczesnego rozwijania kanału. Średni koszt obejrzenia (CPV) reklam w YouTube wynosi tylko 0,026 USD (choć dostałem to znacznie poniżej 0,01 USD). Oznacza to, że możesz zapłacić 1 centa za prawdziwą osobę, która obejrzy co najmniej 30 sekund Twojego filmu. Odpowiada to 10 USD za 1000 wyświetleń i 1000 USD za 100 000 wyświetleń. Z drugiej strony, przeznaczenie zaledwie kilkuset dolarów na tego typu wydatki na reklamę może zdziałać cuda dla nowego kanału.

Podsumowując, rozwój w YouTube polega na publikowaniu filmów, które ludzie oglądają. Te elementy określają, jak można oglądać filmy, a tym samym jak dobrze się sprawdzają:

Jakość - odpowiednie oświetlenie, wysokiej jakości dźwięk i dźwięk, mocny montaż i czyste struktury ujęć to nie wszystko, ale z pewnością pomagają. Chociaż w zależności od rodzaju wideo, zwykle wymagana jest dobra kamera, zestaw mikrofonowy i miejsce do filmowania (czasami zielony ekran ułatwia sprawę, a może zdecydujesz się na treści graficzne z lektorem).

Intro – średnio prawie jedna czwarta widzów opuszcza film w ciągu pierwszych dziesięciu sekund. Skup się więc na tworzeniu lepkich intra.

Długość - ludzie nie chcą ogromnie długich filmów: średnia długość filmu na stronie głównej YouTube wynosi około 14 minut. Prawie zawsze lepiej jest błądzić po stronie zwięzłości, biorąc pod uwagę zainteresowanie maksymalizacją czasu oglądania. Dąż do utrzymania uwagi widzów (APV) na poziomie 50% lub wyższym, o czym świadczy rozbieżność między APC i wynikającą z tego liczbą wyświetleń poniższych filmów.

Average percentage viewed	Views	Impressions	Impressions click-through rate
47.3%	14,686	213,790	4.5%

Average percentage viewed	Views	Impressions	Impressions click-through rate
57.0%	5,684,773	116,094,388	3.8%
	496.0K – 803.0K		

Average percentage viewed	Views	Impressions	Impressions click-through rate
54.7%	6,731,966	127,743,848	4.1%
	531.0K – 1.1M		

39

Tytuł i thumbnail - Twoje miniatury to sposób, w jaki się przedstawiasz, a pierwsze wrażenie trwa. Projekt miniatur ma na celu przedstawienie koncepcji wideo (bez kłamstwa) w najbardziej intrygującym świetle I-must-click-you.

Podobnie jak miniatury, tytuły są jednym z pierwszych sposobów, w jaki potencjalny widz wejdzie w interakcję z Twoimi filmami. Tytuły wracają do celu filmu: jaki jest nadrzędny temat tworzonych treści i do kogo próbujesz dotrzeć? Jeśli na przykład próbujesz dotrzeć do odbiorców GenZ za pomocą filmu skoncentrowanego na rozrywce, tytuły powinny używać wspólnego żargonu i czuć się nieformalnie. Jeśli jednak tworzysz zaawansowane samouczki dla dorosłych odbiorców, możesz wybrać bardziej prosty lub uporządkowany tytuł. W ten sposób zawsze staraj się dopasować tytuł do filmu i upewnij się, że wiadomości o tytułach i miniaturach są zgodne.

---

[39] *Wszystkie YouTube [Analytics]: Ksenia Suglobova*

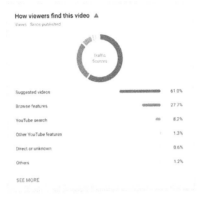

How viewers find this video ▲
Viewers (Since published)

Traffic Sources

Suggested videos		61.0%
Browse features		27.7%
YouTube search		8.2%
Other YouTube features		1.3%
Direct or unknown		0.6%
Others		1.2%

SEE MORE

O znaczeniu miniatur świadczy poprzedni obraz, ponieważ większość wyświetleń pochodzi z sugerowanych filmów i funkcji przeglądania, z których każda wyświetla filmy tylko za pomocą miniatury i tytułu.

W tytule pomyśl o włączeniu haka, słów kluczowych i liczb, stworzenia pilności, jasnego zdefiniowania dostarczanego rozwiązania lub wartości oraz użycia emocjonalnych słów. Zwróć uwagę na te elementy w następujących tytułach:

"I'm Broke... What Should I Do?"

478K views · 1 year ago

I Tried Turning $0 into $10k Online Challenge (Part 1)

2.2M views · 2 years ago

The Painful Truth | Jordan B Peterson

856K views · 3 years ago

$456,000 Squid Game In Real Life!

291M views · 10 months ago

Day In The Life Of An Infantry Platoon Leader

1.9M views · 6 years ago

HOW TO TRAVEL BALI - 14 Days in Paradise

3.4M views · 2 years ago

Why Smart People Underperform
888K views · 8 years ago
CC

Most brutal Military test Ever - I tried to join the Norwegia...
4.8M views · 1 year ago
CC

The 20 Rules of Money
5.8M views · 5 years ago
CC

40

---

[40] YouTube: Alex Hormozi, Biaheza, Jordan B. Peterson, Mr. Beast, Nick Bare, Lost LeBlanc, Marie Forleo, Magnus Midtbo, Valuetainment.

1. Tytuł zadaje pytanie, które przemawia do znacznej części ludzi, podczas gdy miniatura dodatkowo wzmacnia koncepcję i strukturę wideo.

2. Tytuł przemawia do wszystkich poprzez wspólną zachętę. Wiele części wnioskuje o głębokości.

3. Intrygujące pytanie poparte jest miniaturą nawiązującą do profesjonalnego charakteru mówcy, a tym samym wideo.

4. Koncepcja wideo opiera się na aktualnym trendzie, podczas gdy wartość dolara sugeruje, że koncepcja została wycofana (np. Nie tylko clickbait).

5. Przejrzysty tytuł prezentuje nowość, a uproszczona miniatura wzmacnia koncepcję.

6. Propozycja wartości jest bardzo jasna, liczba jest włączona, a miniatura jest oszałamiająca wizualnie.

7. Tekst tytułowy przyciąga ludzi, którzy uważają się za inteligentnych (docelowa grupa odbiorców twórcy), a intryga jest zwiększana przez tekst w miniaturze.

8. Odpowiednie słowa kluczowe są umieszczone w tylnej połowie tytułu, podczas gdy pierwsza połowa (i miniatura) nawiązuje do nowości.

9. Dowód społeczny jest wnioskowany przez garnitur i dobrze zaprojektowaną miniaturę.

Słowa kluczowe. Użyj około dziesięciu częściowo określonych słów kluczowych w sekcji "tagi" każdego filmu. Zauważ, że YouTube twierdzi, że "tagi odgrywają minimalną rolę w pomaganiu widzom w znalezieniu Twojego filmu" – nadal, zwłaszcza gdy dopiero zaczynasz, te słowa kluczowe pomagają algorytmowi grupować i klasyfikować treści. Na poniższej ilustracji należy pamiętać o specyfice słów kluczowych w stosunku do tematu filmu (czyli wyzwanie 2000-przysiadu).

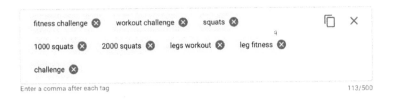

Wartość! Wszystkie elementy opisane wcześniej są ważne. Ostatecznie każdy z nich polega na optymalnym pakowaniu filmów. Najważniejszy jest sam film – podobnie jak w przypadku wszystkich treści społecznościowych, ilość czasu, w którym ludzie przebywają, nieuchronnie koreluje z wartością, jaką im zapewniasz, niezależnie od tego, czy jest to jakaś forma edukacji, rozrywki, czy obu (bez względu na to, jak świetna jest miniatura, tytuł lub intro). Podsumowując, zawsze kieruj się pragnieniami i potrzebami widza. Jeśli dostarczysz wartość, wygrasz.

Do tej pory zbadaliśmy ideę treści i jak zrobić świetny film. Rozważmy teraz metody i strategie maksymalizacji wzrostu (poza reklamami i marketingiem influencerów, jak omówiono poniżej):

Częstotliwość: raz w tygodniu to solidne minimum. Jakość powinna jednak zawsze przeważać nad ilością.

Społeczność: promuj swój kanał na innych platformach społecznościowych oraz w istniejącej społeczności i sieci Twojej firmy.

Klip: pokrój swoje dłuższe filmy i udostępnij je jako szorty na YouTube, a także na Instagramie, TikTok, Facebooku i wszędzie tam, gdzie masz obecność w krótkich filmach. Grupuj filmy według playlist w YouTube.

Engage & Reward: organizuj upominki lub oferuj zniżki. Publikuj filmy z innymi twórcami i firmami.

41

---

[41] *YouTube: Jordan Welch*

Zauważ, jak Jordan Welch regularnie włącza popularne postacie ze swojej niszy do swoich filmów. Ten rodzaj treści konsekwentnie przewyższa jego inne filmy.

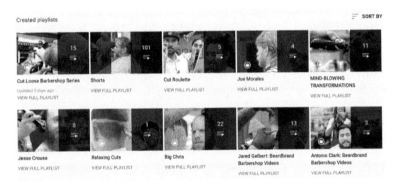

42

Zwróć uwagę, jak Beardbrand dodaje większość swoich filmów do różnych playlist, aby zwiększyć obecność w wyszukiwarce i zachęcić widzów do oglądania wielu filmów za jednym razem.

42 YouTube: BeardBrand

Zarabiania. Gdy Twoje kanały YouTube osiągną 1000 subskrybentów i 4000 godzin oglądania, możesz zacząć zarabiać na reklamach umieszczonych przez YouTube w filmie. Te wymagania możesz wyświetlić na karcie Zarabianie w studio.youtube.com.

Zarobki z filmów są oparte na RPM (przychód na tysiąc wyświetleń). Nisze zarabiają różne RPM zgodnie z kwotą, jaką reklamodawcy w tej niszy są skłonni zapłacić. W ten sposób filmy finansowe uzyskują wyższe obroty niż filmy o grach, ponieważ firmy finansowe są skłonne zapłacić więcej, aby ich reklamy były wyświetlane widzom YouTube. Oprócz zarabiania na reklamach umieszczonych w filmach możesz kontrolować liczbę reklam umieszczonych w danym filmie, a także miejsce ich umieszczania. Ogólnie rzecz biorąc, umieść jedną reklamę przed filmem i jedną reklamę w trakcie filmu po około ośmiu minutach (w zależności od długości filmu).[43]

---

[43] Możesz też umieścić drugą reklamę nieco przed tym, jak zacznie spadać jej retencja.

Możesz ponownie zainwestować zarobki z YouTube w promocje wideo. Aby zilustrować tę strategię, weź poniższy film, który wygenerował 5 800 USD przychodów z AdSense (AdSense to platformy monetyzacyjne Google, które obsługują wypłaty przychodów z reklam).

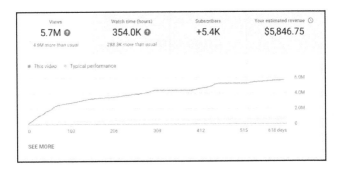

Jeśli przychody z powyższego zostaną ponownie umieszczone w reklamach przy CPV wynoszącym 0,01 USD (jak powyżej), dodatkowe 580 000 wyświetleń można skierować na reklamę lub film, zarabiając w ten sposób kilkaset dodatkowych subskrybentów i około 600 USD dodatkowych przychodów.

W ten sposób firmy korzystające z YouTube mogą ponownie inwestować zarobki w promocje wideo za pośrednictwem reklam w YouTube lub wykorzystywać zarobki do pokrywania kosztów tworzenia treści. Świadczy to o wartości YouTube nie tylko jako narzędzia do kierowania klientów dalej w dół ścieżki, ale także do generowania przychodów z najwyższej linii.

Po wygenerowaniu przychodu możesz wykorzystać integrację Teespring z YouTube, aby sprzedawać towary z sekcji "sklep" bezpośrednio pod Twoimi filmami w YouTube. Aby zapoznać się z tą funkcją, odwiedź stronę "towar" w sekcji "Zarabianie" w studio.youtube.com

Przede wszystkim prowadź z nastawieniem, że YouTube jest grą długoterminową. Wyniki szybko rosną, ale dotarcie do pierwszej stu, tysięcy lub dziesięciu tysięcy subskrybentów może zająć trochę czasu. W trakcie całego procesu pamiętaj, że spójność i wartość zwyciężą – jeśli Ty i Twoja firma zrobicie te dwie rzeczy, będziecie wtajemniczeni w przełomowe korzyści płynące z udanej obecności w YouTube.

Rośnie na Twitterze

Twitter to platforma szybkich interakcji i szybkiej kultury. Marki, które dobrze sobie radzą na Twitterze, trzymają rękę na pulsie kulturowym nie tylko swojej dziedziny, ale także społeczeństwa. Dowcipne lub wnikliwe komentarze na temat trendów i wiadomości, angażujące lub kontrowersyjne treści związane z Twoją marką i biznesem oraz satyra zazwyczaj działają najlepiej. We wszystkich tych przypadkach postaraj się tworzyć treści, które ludzie będą przesyłać dalej i dodawać komentarze. W ten sposób wirusowe tweety i wątki (wątki są ciągami powiązanych ze sobą tweetów, być może w celu zbadania idei, której nie można wyjaśnić w jednym tweecie, stworzonym przez odpowiadanie na własne tweety) wybuchają.

Jeśli już, to nie rób tego pojawiają się nadmiernie zredagowane lub profesjonalne jako marka na Twitterze. Twitter to przede wszystkim społeczność i kultura, a najlepszym sposobem na zdobycie serc (i portfeli) użytkowników są kreatywne i angażujące treści, a nie prezentowanie swojej firmy lub produktów (chyba że same są naprawdę angażujące). Ludzie mogą przejrzeć każdego, kto nie jest "wtajemniczony", a niesienie pomocy w celu dodania trafności, jeśli sam nie jesteś użytkownikiem Twittera, jest znacznie lepszą strategią.

Następnie nie spraw, aby Twoja marka wydawała się niedostępna - angażuj się poprzez komentarze, buduj relacje z klientami, zachęcaj do retweetów i obserwuj (niektóre) osoby.

Publikuj co najmniej 1-2 razy dziennie na swoim koncie na Twitterze. Powinno się to różnić w zależności od bieżących wydarzeń, do których Twoja firma może rozsądnie dodać komentarz. Przesyłaj dalej minimum kilka razy w tygodniu. Pamiętaj, że zaangażowanie jest zwykle najwyższe między 9-10 rano (jak zawsze, dostosuj czas zgodnie z analityką Twittera w czasie).

Sprawdź kilka historycznych tweetów o wielkich markach:

Zwróć uwagę@netflix jak pośrednio reklamuje program (którego nazwa jest subtelnie umieszczona w lewym dolnym rogu obrazu) za pomocą dowcipnej linii.

Zwróć uwagę, jak @Xbox wykorzystuje angażującą zawartość, aby pokazać przyjazną stronę zespołu Xbox.

Zwróć uwagę na wykorzystanie wątków i @SlimJim zachęcające widzów do zaangażowania się w post.

Rozwój na LinkedIn

Budowanie publiczności na LinkedIn zaczyna się od budowania profilu. Upewnij się, że Twoja osobista strona LinkedIn, a także strona Twojej firmy, jest całkowicie wypełniona. Profile z pełnymi informacjami uzyskują średnio o 30% więcej wyświetleń, podczas gdy różnica ta rozszerza się w przypadku profili regularnie publikujących treści. Pamiętaj, aby wypełnić kilka stron prezentacji, które są powiązanymi rozszerzeniami strony Twojej firmy, używanymi do wyróżniania jednostki biznesowej, inicjatywy lub branży. Na koniec upewnij się, że wszystkie elementy profilu na każdej stronie są ustawione jako publiczne.

Jak zawsze, Najpierw przyciągnij publiczność ze źródeł zewnętrznych. Upewnij się, że zmaksymalizowałeś połączenia swojej osobistej strony LinkedIn i że pracownicy śledzą Twoją stronę biznesową LinkedIn. Na koniec pamiętaj, aby dołączyć i uczestniczyć w odpowiednich grupach LinkedIn.

Poza tym Podstawy SEO i optymalizacji, zwiększanie ekspozycji i budowanie odbiorców dla Twojej firmy na LinkedIn wymaga tworzenia treści. LinkedIn oferuje łatwe narzędzia do tworzenia treści za pośrednictwem widoku superadministratora strony biznesowej i pozwala administratorom stron tworzyć i dodawać treści za pomocą szerokiej gamy narzędzi, w tym ankiet i całej piaskownicy do budowania artykułów.

Zgodnie ze stworzoną strategią cyfrową najbardziej efektywne jest po prostu ponowne udostępnianie treści na LinkedIn, który został początkowo zaprojektowany dla innych platform i odwrotnie. Na przykład, jeśli Twoja firma ma już bloga, po prostu weź tę treść, zmień ją, aby pasowała do Twojej strony LinkedIn i udostępnij ją w swoim profilu LinkedIn.

Najlepiej sprawdzają się posty zawierające różne typy treści, takie jak obraz nagłówka, wpis na blogu lub ankieta. Pamiętaj, aby włączyć różne odpowiednie hashtagi do treści i podzielić dłuższe posty na krótkie akapity i nagłówki.

Udostępniaj co najmniej 1-2 posty tygodniowo. Poza publikowaniem na stronie firmy, Regularnie publikuj na swoim osobistym profilu, aby przyciągnąć potencjalnych klientów do swojej firmy, i regularnie angażuj się w oba profile w sekcjach komentarzy. Ułatw pracownikom publikowanie treści LinkedIn, na przykład podczas wydarzeń firmowych, promocji, kamieni milowych itp.

W miarę rozwoju bądź na bieżąco z analizami, aby mierzyć, kim są odwiedzający lub nie angażują się, a także jakie dane demograficzne stanowią tych odwiedzających. Agreguj te informacje, aby podejmować decyzje dotyczące idei treści i strategii w przyszłości.

Jeśli Twoja marka współpracuje z influencerami lub innymi firmami, oznacz ich w postach i zachęć ich (jeszcze lepiej, skoordynuj z nimi) do otagowania Twojej marki w zamian.

Na koniec rozważ użycie reklam LinkedIn do Wzrost speedrunu. Proces ten jest opisany w sekcji reklam.

Strategie te zapewniają całościowy sposób nie tylko zdobycia bazy obserwujących i konsumentów na LinkedIn, ale także zapewnienie, że Twoja firma pozostaje widoczna, generuje potencjalnych klientów w profesjonalnym środowisku i maksymalizuje możliwości biznesowe.

Zwróć uwagę na kilka przykładów dobrze wykonanych profili LinkedIn dla małych firm:

Zwróć uwagę na połączenie aktualizacji firmy i angażujących dłuższych treści.

---

[44] LinkedIn: Arkada

Zwróć uwagę na wykorzystanie wysokiej jakości treści wideo do przekazania autorytetu marki i zwiększenia zaangażowania.

Rozwijanie się na Pintereście

---

[45] *LinkedIn: Fundacja Marekting.*

Pinterest to przede wszystkim efekty wizualne. Rozwój na Pintereście zaczyna się od spójnego strumienia wysokiej jakości obrazów - jeśli ten potok nie jest jeszcze włączony do Twojej firmy (na przykład w przypadku firmy modowej lub nieruchomości), wkładanie wysiłku w budowanie odbiorców Pinteresta nie jest właściwym posunięciem.

Pinterest ma siedzibę na tablicach, które stanowią centralny temat, pod którym organizowane są obrazy. Obrazy z Internetu można "przypiąć" do tablicy lub obrazy już dostępne na Pintereście można "przypiąć" do innej tablicy. Piny można komentować.

Tak więc, rozwijając się na Pintereście Odzwierciedla liczbę wydanych obrazów, liczbę tablic oraz liczbę przypinek i przypinek, które organizujesz. Do powiększenia grona odbiorców potrzeba co najmniej pięciu pinów dziennie (najlepiej kilkudziesięciu). Mashable i Pinerily odkryli, że soboty, popołudnia i wieczory są najlepszymi dniami i godzinami pod względem zaangażowania.

Jeśli chodzi o samą treść, Pinterest został zaprojektowany wokół wysokiej jakości obrazów bez ludzkich twarzy (postaci / ciał są w porządku), bez tekstu i obramowania oraz angażujące treści wizualne. Dla każdego pinezki i tablicy wypełnij powiązane opisy treścią bogatą w słowa kluczowe, która zawiera nazwę Twojej marki. Odwiedź stronę trends.pinterest.com, aby zapoznać się z pomysłami na treści. Na koniec pamiętaj, że filmy można publikować, więc ponowne publikowanie krótkich treści to świetny sposób na recykling udanych treści. Upewnij się tylko, że jest on odpowiedni dla odbiorców na Pintereście.

Regularnemu publikowaniu pinów z różnych stron internetowych (przede wszystkim oczywiście własnych) najlepiej towarzyszy regularne zaangażowanie za pośrednictwem tablic grupowych, sekcji komentarzy i treści publikowanych przez inne marki.

Zwróć uwagę na spójny wygląd treści na Pintereście, a także na czystą liczbę pinów na każdej tablicy.

Powiem to jeszcze raz: Pinterest jest obowiązkowy dla marek wizualnych, szczególnie dla tych, którzy sprzedają produkty lub usługi online. Jeśli to Ty, przynajmniej ponownie udostępnij na platformie zdjęcia, których już używasz w swojej firmie. Wzrost będzie kulą śnieżną z czasem, gdy użytkownicy znajdą i ponownie przypią Twoje treści.

Tworzenie treści społecznościowych

Ja

W tej sekcji krótko omówimy podstawy tworzenia treści opartych na filmach, zdjęciach i grafice.

Grafika

Większość firm działających w mediach społecznościowych w dużym stopniu włącza projektowanie graficzne do swojej strategii treści. Ten gatunek postów jest zwykle wizualnie prosty i kolorowy. Przekazuje informacje za pomocą tekstu i prostych projektów wektorowych (np. uproszczonych obrazów, kreskówek lub obrysowanych kształtów).

Grafiki tego rodzaju nie są Niezwykle trudne do wykonania i wymagają tylko podstawowej wiedzy w zakresie korzystania z dowolnej liczby narzędzi do projektowania online. Możesz zlecić tego rodzaju pracę na zewnątrz, która zazwyczaj jest tania (outsourcing jest omówiony w nadchodzącym rozdziale poświęconym automatyzacji i zrównoważonemu rozwojowi) lub

---

[46] *Instagram: TomoCredit, Mosdotcom, The Economist*

zrobić to sam. Ta ostatnia jest zwykle wykonywana na następujących platformach:

Canva - Canva to ultrauproszczone narzędzie do samodzielnego projektowania graficznego. Jest bezpłatny i oferuje wiele gotowych szablonów.

Program Photoshop - Photoshop prezentuje kompletny zestaw narzędzi do edycji zdjęć. Wymaga to nieco więcej czasu na naukę w porównaniu z opcją taką jak Canva i kosztuje 20 USD miesięcznie (w zależności od wybranego planu Creative Cloud), ale stanowi profesjonalne, kompleksowe środowisko edycji.

Fotogroszek - Photopea to bezpłatna usługa wzorowana na Photoshopie. Stanowi mieszankę dwóch usług opisanych wcześniej.

Aby uzyskać inspirację do praw autorskich i stylu grafiki wydanej przez Twoją firmę, najlepiej przyjrzeć się, co robią konkurenci lub marki, które chcesz naśladować, i stamtąd pracować. Skoncentruj się na prostych wiadomościach i tekście (nie czas na akapity ani dokładne wyjaśnienia!) i włącz strategię i tożsamość marki.

Fotka

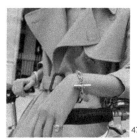

47

Treść fotograficzna jest poziomem pośrednim pod względem trudności między grafiką a wideo. Dobre zdjęcia nie wymagają nieprzyzwoicie drogich aparatów; większość stosunkowo tanich (1-2 tys. USD) aparatów Canon jest więcej niż wystarczająca (wypożyczony sprzęt również wykonuje zadanie). Podstawową trudnością jest konfiguracja zdjęć, szczególnie w przypadku zdjęć produktów. Inne rodzaje ujęć wykorzystywane głównie przez firmy - zdjęcia wydarzeń, lokalizacja firmy itp., Są fabrycznie zbudowane z zestawem, co znacznie ułatwia wynikową pracę.

Jeśli chodzi o świetne zdjęcia produktów, musisz to zrobić tylko raz - bądź gotów wydać pieniądze na zatrudnienie fotografów do wykonania pierwszej partii, jeśli nie czujesz się komfortowo robiąc zdjęcia samodzielnie. Jeśli czujesz się komfortowo za kamerą, użyj aplikacji Peerspace, aby znaleźć miejsca fotografowania. Świetne przestrzenie kosztują zaledwie 25 USD za godzinę, podczas gdy bardziej wyszukane lokalizacje mogą kosztować nawet 150 USD lub więcej na godzinę. Wymagana jest niewielka wiedza techniczna, a korzystanie z wynajętych przestrzeni, takich jak te na następnej stronie, jest zdecydowanie najbardziej opłacalnym sposobem dostępu do wysokiej jakości zestawów zdjęć.

from $25 / hr

SF Portrait & Photography Studio: Whitewalls,...
★ ★ ★ ★ ★ 42 · Responds within 5 hrs

⚡ from $60 / hr

Photography Studio with Included Lighting As...
★ ★ ★ ★ ★ 114 · Responds within 13 hrs

48

Podczas robienia wszelkiego rodzaju zdjęć związanych z biznesem prostota jest zwykle lepsza. Staraj się trzymać ogólnego motywu stylistycznego i profilu kolorów.

---

[48] *Aplikacja Peerspace*

Na poniższych abstrakcyjnych obrazach zwróć uwagę na użycie światła, kontrastu i ostrości.

Na poniższych zdjęciach produktów zwróć uwagę na prostotę tła i profili kolorów.

49

Ponownie, podczas gdy bariera wejścia do robienia zdjęć najczęściej używanych przez małe firmy, takich jak zdjęcia

---

[49] *makerwine.com i shop.tesla.com*

produktów i lokalizacji, media wydarzeń i zdjęcia zespołowe, nie jest niezwykle trudna do stworzenia, należy podkreślić, że wizualizacje są niezwykle ważne w przestrzeni online. O wiele lepiej wydać dodatkowe pieniądze i wynająć agencję, niż zrobić to samemu, jeśli nie czujesz się komfortowo w pracy z kamerami i planami zdjęciowymi.

Podsumowując: jako firma, włóż czas, wysiłek i pieniądze wymagane, aby dobrze wyglądać. Taka strategia jest wyjątkowo potrzebna w środowiskach cyfrowych.

Wideo

Wideo jest ważne dla biznesu, ponieważ jest to bardzo skuteczny sposób przekazywania widzowi ogromnej ilości

---

[50] *Forbes i Beardbrand*

informacji w krótkim czasie (jeśli jedno zdjęcie jest warte tysiąca słów, ile warte jest wideo?).

Niezależnie od tego, czy tworzysz krótkie klipy, dłuższe filmy w YouTube, czy reklamy wideo, wiedza o tym, jak tworzyć świetne filmy przy minimalnych kosztach, jest cenna. Wideografia dla biznesu jest najlepiej postrzegana jako rozszerzenie fotografii: zachowaj wizualną prostotę i nie czuj potrzeby zaszalenia na szalonych planach ani przesadnych edycjach (ani rozdzielczości 4k - 1080p jest w porządku). Pamiętaj tylko, że będziesz potrzebować mikrofonów (na ciele lub w aparacie) oprócz kamery podczas filmowania filmów.

Jeśli chcesz tworzyć filmy we własnym zakresie, ta sama strategia wynajmu zestawów wideo za pośrednictwem usługi takiej jak Peerspace jest maksymalnie opłacalna. Edycję najlepiej wykonać za pomocą programu Adobe Premiere Pro lub Final Cut Pro. DaVinci Resolve to świetna darmowa alternatywa.

Na koniec, nie bój się zlecać produkcji wideo na zewnątrz - podobnie jak w przypadku fotografii, liczba osób zostanie wprowadzona do Twojej firmy. O wiele lepiej jest zrobić to dobrze przy wyższych kosztach - po prostu nie podpisuj się pod poglądem, że nie możesz tego zrobić w domu ani poza rozsądnym budżetem.

Automatyzacja i zrównoważony

rozwój

Większość twórców i menedżerów mediów społecznościowych nie wspomina, że *media społecznościowe są trudne*. Ustanowienie obecności w Internecie jest trudne. Tworzenie angażujących treści jest trudne. Budowanie zoptymalizowanego lejka jest trudne. Muszą być trudne, ponieważ łupy sukcesu są ogromne – jak mówi przysłowie, gdyby to było łatwe, każdy by to zrobił.

Na szczęście istnieją narzędzia, które ułatwiają prowadzenie cyfrowych aspektów Twojej firmy. **Outsourcing** to angażowanie innych osób, zazwyczaj wyspecjalizowanych pracowników, do prowadzenia niektórych części firmy. **Automatyzacja** to budowanie systemów, które działają same. Prawie wszystkie aspekty mediów społecznościowych i mediów cyfrowych można zlecić na zewnątrz lub zautomatyzować z korzyścią dla właściciela firmy.

Dziś outsourcing odbywa się za pośrednictwem różnych usług, które łączą Cię z wyspecjalizowanymi freelancerami. Usługi te są cenne z kilku powodów: przede wszystkim, ponieważ łączą Cię z freelancerami na całym świecie, a pole jest tak konkurencyjne po stronie podaży, masz dostęp do ogromnej liczby potencjalnych pracowników i niskich cen. W ten sposób wiele zadań związanych z marketingiem cyfrowym i społecznym to nisko wiszące owoce, które można zlecić na zewnątrz przy stosunkowo niskich kosztach. Oczywiście, jeśli masz chętnych pracowników do wykonania pracy osobiście (ponownie, stażyści są do tego świetni), jest to zwykle lepsza opcja, ale dla wszystkich innych outsourcing jest drogą do zrobienia. Oto kilka typowych zadań, które można łatwo zlecić na zewnątrz:

- Tworzenie stron internetowych.
- Badanie trendów.
- Pomysł na treść.
- Artykuł i copywriting.
- Zarządzanie kampanią PPC (pay-per-click).
- Publikowanie treści.

Udzielenie nieznajomemu dostępu do części Twojej firmy może wydawać się dziwne. Należy pamiętać, że freelancerzy polegają na dobrych recenzjach i poczcie pantoflowej, aby pozyskać klientów; Współpracując tylko z uznanymi freelancerami (lub agencjami) prezentującymi silną historię i bazę recenzji, outsourcing nie stanowi absolutnie żadnego zagrożenia bezpieczeństwa.

Podstawową trudnością w pracy z freelancerami jest to, że nie są tak dobrze zaznajomieni z działaniem i strategią marki Twojej firmy, jak Ty i Twoi pracownicy (dlatego najłatwiej zlecane zadania to te, które wymagają niewielkiej rzeczywistej wiedzy o biznesie). Istnieje kilka środków zaradczych na ten problem - po pierwsze, po prostu podziel się zasobami, które edukują freelancerów na temat Twojej firmy i wizji (jest to o wiele bardziej realistyczne, jeśli freelancerzy są zakontraktowani na dłuższą metę), lub dwa, pracuj z agencją, która wkłada niezwykły czas i wysiłek w zrozumienie Twojej firmy (po prostu, znajdź dobrych freelancerów i agencje do współpracy).

Jeśli chodzi o to, gdzie dokładnie można znaleźć tych freelancerów - rozważ następującą listę:

- **Fiverr:** Fiverr to największy rynek dla freelancerów i oferuje szeroką gamę ofert. Jest to najmniej sprawdzona, ale często najtańsza usługa na tej liście.
- **Upwork: Upwork** jest liderem branży w przestrzeni freelancerów, koncentrującym się głównie na tworzeniu stron internetowych, projektowaniu graficznym, pisaniu i usługach marketingowych. Upwork świetnie nadaje się do nawiązywania długoterminowych relacji i umów.
- **Designhill:** specjalizuje się w usługach graficznych i projektowania stron internetowych.
- **Toptal:** przesiewa freelancerów, aby oferować tylko "najlepsze 3% niezależnych talentów". Toptal koncentruje się na usługach w zakresie rozwoju oprogramowania, projektowania i zarządzania produktami.
- **Reedsy:** specjalizuje się w świadczeniu usług dla autorów, ale świetnie nadaje się do zatrudniania wszelkiego rodzaju redaktorów lub ghostwriterów do pracy na blogu, copywritingu lub projektowaniu graficznym.
- **99designs:** specjalizuje się w usługach projektowych.

- **Codeable:** specjalizuje się we wszystkim, co jest związane z WordPress.
- **Gun.io:** specjalizuje się w inżynierii oprogramowania.
- **PeoplePerHour:** świetnie nadaje się do krótkoterminowych projektów.
- **Skyword:** koncentruje się na pisaniu i strategii treści.

Jeśli wolisz pracować z agencją, która zazwyczaj jest droższa, ale zapewnia bardziej spersonalizowane wrażenia i większą liczbę usług. Możesz znaleźć niektóre lokalne, po prostu wyszukując "agencja mediów społecznościowych blisko mnie" lub "agencja marketingu cyfrowego w pobliżu" w Google. Alternatywnie znajdź dowolną liczbę agencji, które działają cyfrowo, wyszukując zadania, które chcesz zlecić na zewnątrz.

Jeśli chodzi o Outsourcing zadań o niskich kwalifikacjach, wybierz najlepszą cenę. W przypadku zadań wymagających wysokich umiejętności skup się na jakości, a nie na cenie.

Ponadto należy pamiętać, że strony internetowe freelancerów, które wymagają opublikowania oferty pracy i freelancerów, aby konkurować o miejsce, często zachęcają freelancerów do licytowania znacznie poniżej ich idealnej stawki. Skorzystaj z tego procesu w stosunku do witryn takich jak Fiverr, przeglądając oferty pracy publikowane przez freelancerów.

To właśnie musisz wiedzieć, jeśli chodzi o outsourcing - jest to potężna metoda upraszczania i przyspieszania procesu marketingu cyfrowego (lub naprawdę dowolnego procesu biznesowego) na dowolnym poziomie lub rodzaju działalności.

Drugi sposób Robienie tych samych rzeczy to automatyzacjaWcześniej definiowana jako tworzenie systemów, które działają same, automatyzacja jest lepiej postrzegana jako usunięcie ludzkiej pracy i wysiłku z procesu, zazwyczaj za pomocą oprogramowania i kodu. Podczas gdy outsourcing zastępuje pracę wewnętrzną pracą poza domem, automatyzacja jest znacznie bliższa jednorazowemu naprawieniu: gdy zadanie zdominowane przez człowieka zostanie zautomatyzowane, rzadko wraca.

Automatyzacja jest niezwykle powszechna w przestrzeni cyfrowej. Firmy włączają oprogramowanie i automatyzację do wszystkich rodzajów ważnych zadań, w tym nie tylko tych, które kiedyś wykonywali ludzie, ale także tych, które nigdy nie mogły być wykonane przez ludzkich pracowników. Rozważ niektóre aspekty marketingu cyfrowego dojrzałe do automatyzacji:

- Zarządzanie PPC i optymalizacja (na przykład dostosowania wydatków na reklamę zgodnie z regułami skuteczności)
- Zaangażowanie w media społecznościowe (automatyczne odpowiedzi dm, automatyczne zaangażowanie)
- Księgowanie (planowanie postów)

Najłatwiejszym do wdrożenia rodzajem automatyzacji jest SaaS lub oprogramowanie jako usługa, które pozwala płacić miesięczną subskrypcję za korzystanie z oprogramowania, które automatyzuje niektóre aspekty twoich działań cyfrowych.

Na przykład I Przez pewien czas współpracowałem z Ivanem w AdsDroid, aby zarządzać moimi reklamami Amazon. Jego oprogramowanie automatycznie identyfikuje najskuteczniejsze słowa kluczowe i zmienia stawki reklamowe w czasie. W ten sposób, bez samodzielnego kodowania, możesz wykorzystać potężne narzędzia programowe do automatyzacji cyfrowych przepływów pracy.

Poniżej wymienię kilka popularnych usług automatyzacji cyfrowej, a także ich przeznaczenie:

- **Zapier** - niestandardowa automatyzacja w 5000 aplikacji.
- **Hootsuite** - planuj posty, monitoruj konkurencję i przeglądaj unikalne analizy.
- **Później** - planuj posty i zarządzaj komentarzami.
- **Tailwind** - narzędzie do planowania i analizy, najlepsze dla Pinteresta.
- **CoSchedule** - harmonogram masowych postów.
- **Iconosquare** - zaawansowana analityka.
- **BuzzSumo** - identyfikuj popularne tematy i influencerów.
- **Scoop.it** - selekcjonuj treści z innych źródeł.
- **Wspomnij** - zobacz, gdzie wymieniona jest Twoja marka, identyfikuj influencerów i monitoruj słowa kluczowe w czasie rzeczywistym.
- **MeetEdgar** - zbuduj bibliotekę treści, które chcesz udostępniać na różnych platformach i automatycznie je zaplanuj i udostępnij.

- **SocialPilot** - planowanie postów, współpraca zespołowa, przesyłanie zbiorcze, zarządzanie kampaniami reklamowymi na Facebooku.
- **Menedżer stron na Facebooku** - zarządzaj swoimi stronami na Facebooku.
- **Zoho Social** - narzędzie do planowania i analizy, idealne dla zespołów, które współpracują cyfrowo.
- **PromoRepublic** - lokalna platforma marketingowa.
- **Audiense Connect** - zarządzanie Twitterem.
- **Napolean Cat** - szeroka gama funkcji automatyzacji dla kampanii wieloplatformowych.

Do zarządzania współpracą cyfrową można używać innych narzędzi:

- **Slack** - komunikacja wewnętrzna.
- **Asana** - współpracuj nad projektami.
- **Trello** - organizuj swoje projekty.

Podsumowując, automatyzacja stanowi drugą metodę ograniczania kosztów (zarówno pod względem czasu i wysiłku, jak i pieniędzy) operacji cyfrowych. Wydajność jest celem: ponieważ media społecznościowe są grą długoterminową, wyeliminowanie krótkoterminowej pracy i twórczego wysiłku włożonego w media społecznościowe i wszystkie rodzaje operacji cyfrowych przy jednoczesnym zachowaniu najlepszej wydajności zapewnia długowieczność i sukces każdego przedsięwzięcia cyfrowego.

Reklama

Osoby i firmy wykwalifikowane w płatnej reklamie zasadniczo mają dostęp do drukarki pieniędzy. Dostępny jest nadmiar kanałów reklamowych, od Facebooka i TikToka po Google i YouTube. Większość reklam ma na celu sprzedaż produktu usługi, chociaż niektóre duże firmy prowadzą masowe kampanie tylko po to, aby budować wartość marki. Dobre reklamy przeznaczone do sprzedaży produktu lub usługi są opłacalne przez całe życie; zysk naliczony z reklam jest większy niż wydatki na reklamę, niekoniecznie w perspektywie krótkoterminowej, ale biorąc pod uwagę pochodną wartość klienta w całym okresie użytkowania (LTV).

Ponieważ płatna reklama jest tak skalowalna i dociera do setek milionów ludzi, reklamy breakeven lub dochodowe są niezwykle cennym narzędziem. Oczywiście reklama online nie jest tajemnicą i nie jest łatwa. Wielu operatorów reklamowych działa ze stratą, aby zwiększyć ruch i sprzedaż swoich produktów w nadziei, że płatny marketing ostatecznie zbuduje organiczny impet.

Bez względu na obiektywną rentowność wydatków na reklamę, osoba z możliwością poprawy skuteczności reklam firmy, bez względu na to, jaka jest ta skuteczność, jest warta dużych dolarów dla tej organizacji. Osoba, która przoduje w płatnej reklamie, może generować ogromne ilości ukierunkowanego ruchu na wybranych przez siebie stronach internetowych, a wielu indywidualnych przedsiębiorców wykorzystuje to we własnych działaniach.

Co więc pociąga za sobą płatna reklama? Ogólnie rzecz biorąc, reklama obejmuje lejek. Każdy lejek reklamowy ma kilka etapów, które wprowadzają ludzi w markę i biznes na najwyższym poziomie i zamieniają ich w płacących klientów na najniższym poziomie. Ścieżki nie zawsze muszą kierować się w kierunku punktu zakupu, tylko w kierunku wskaźników KPI zidentyfikowanych w sekcjach marki i strategii społecznej. Rozważmy na przykład następujący lejek teoretycznego biznesu:

Tworzenie świetnych płatnych lejków reklamowych to nie tylko reklamy. Zamiast tego każdy krok lejka musi być zoptymalizowany, aby jak najwięcej osób przeszło do następnego etapu. W teoretycznym przypadku załóżmy, że 1

milion osób widzi reklamę YouTube małej firmy. Z 1 miliona tylko 10 000 klika reklamę i przechodzi na stronę docelową. Następnie tylko 1000 przechodzi do strony kasy produktu, a 100 przekształca się w sprzedaż. Na każdym etapie zły krok w lejku (np. zła witryna, reklama lub strona kasy) może drastycznie wpłynąć na wyniki. W ten sposób każdy etap musi zostać przepracowany, aby zapewnić stworzenie najlepszego możliwego ogólnego lejka. Przyjrzyjmy się wskazówkom, jak tworzyć i ulepszać każdy krok lejka.

Na górze płatnego lejka reklamowego znajduje się reklama, która wyświetla się użytkownikom danego medium, np. serwisu społecznościowego. Reklamy są zwykle najniższym etapem konwersji w całym lejku, ponieważ użytkownicy są nadmiernie narażeni na reklamy na większości platform. Chociaż temat tworzenia reklam zostanie dokładnie omówiony w sekcjach poszczególnych platform reklamowych, podczas tworzenia reklam skup się na tych kluczowych kwestiach (i na wszystkich platformach):

Twórz z myślą o odbiorcach. Nie tworzysz reklamy dla wszystkich. Tworzysz reklamy zaprojektowane tak, aby rezonować z odbiorcami (przyszłymi klientami). Utrzymuj tę grupę i jej specyficzne problemy w ostrym skupieniu.

Copywriting/mówienie. W zależności od formatu (zdjęcie, film, tekst itp.) masz krótki czas na przekazanie wiadomości swoim widzom. W reklamach wideo musisz mieć zwięzły haczyk (w zależności od długości), podczas gdy w reklamach opartych na zdjęciach i tekście konieczny jest chwytliwy nagłówek. Pracuj nad prostotą i uwzględnij slogany marki określone w sekcji strategii marki. Upewnij się przede wszystkim, że gdybyś był na miejscu potencjalnego klienta, nadal oglądałbyś własną reklamę (zapytaj też znajomych - możesz być trochę stronniczy).

Projekt (wizualizacje). Elementy wizualne lub obrazy zależą od rodzaju reklamy, którą wybierzesz. Reklamy wideo różnią się wizualnie od grafiki lub reklam tekstowych. Jeśli chodzi o reklamy wideo, elementy wizualne i elementy projektu powinny wspierać i wspierać komunikację i wezwania do działania. Pomyśl o sekcji strategii marki i oprzyj projekt na tych wyborach. Zastanów się nad tempem i długością – chcesz wyprodukować tylko 15-sekundową reklamę wideo lub dłuższy 2-minutowy film. Te wybory zostaną szczegółowo omówione w sekcji reklam w YouTube. W przypadku reklam opartych na zdjęciach jeszcze ważniejsze jest, aby elementy wizualne wspierały przekaz i wezwanie do działania reklamy. Zachowaj prostotę i markę.

Komunikat. Poza początkowym hakiem, świetne reklamy skoncentrowane na produkcie wyraźnie przekazują wartość swojej działalności i oferty widzom. Większość identyfikuje lub nawiązuje do problemu i opisuje oferowane rozwiązanie, często w sposób, który zawiera dowód społeczny. Bez względu na rodzaj reklam, które produkujesz, pamiętaj o przekazie i utrzymuj go krótkim i mocnym.

Wezwanie do działania. Wezwania do działania zachęcają klientów do podejmowania działań prowadzących do Twojego wskaźnika KPI. Wezwania do działania mogą mieć formę "kup teraz", "zarezerwuj połączenie" lub "dowiedz się więcej". Cokolwiek to jest, upewnij się, że jest wizualnie przejrzysty i bezpośredni. Rozważ zaoferowanie jakiejś zachęty wykraczającej poza propozycję wartości firmy, takiej jak rabat, próba lub nagroda, i staraj się zwiększyć pilność.

Po konwersjach pochodzących z reklam klienci są zwykle kierowani na jakąś stronę docelową. Strona docelowa to samodzielna era internetowa stworzona specjalnie na potrzeby kampanii marketingowej. Możesz też skierować widzów do profilu społecznościowego swojej firmy, na którym chcesz zwiększyć liczbę obserwujących. Strona docelowa zazwyczaj kieruje użytkowników do ostatniego etapu ścieżki, niezależnie od tego, czy dołącza do listy e-mailowej, odwiedza lokalizację geograficzną sklepu, czy kupuje produkt online. Tworząc strony docelowe lub witryny, weź pod uwagę te sprawdzone metody:

Jasno przekazuj wiadomość. Większość osób kliknie Twoją stronę docelową niemal natychmiast. Twoja strona musi mieć silny nagłówek, który zwięźle przekazuje wartość strony (dlaczego widz powinien pozostać w pobliżu). Możesz użyć sloganu swojej firmy lub zaoferować zniżkę. Bez względu na to, jak to zrobisz, upewnij się, że ktoś z grupy docelowej, który nie miał wcześniejszej ekspozycji na Twoją firmę, będzie chciał zostać.

Żywe efekty wizualne i atrakcyjna kopia. Wiąże się to ze strategią marki jako całością - upewnij się, że wizualizacje (które są koniecznością!) i kolory strony docelowej komunikują klimat firmy. Na przykład, jeśli jesteś spersonalizowaną agencją projektowania wnętrz, możesz zdecydować się na jasne, przyjazne kolory i obrazy zadowolonych klientów i członków zespołu. Jeśli oferujesz doradztwo operacyjne klientom korporacyjnym, możesz użyć ciemniejszego i bardziej wyrafinowanego zestawu kolorów z wizualizacjami opartymi na danych. Dodatkowo upewnij się, że po nagłówku następuje zwięzły, ale potężny copywriting. Referencje, zdjęcia z klientami i wizualizacje społeczne (wszystko, co komunikuje, że jesteś prawdziwy i profesjonalny) działają dobrze.

Silne wezwanie do działania. Wezwanie do działania zachęca widzów strony do wykonania działania, które popycha ich dalej wzdłuż ścieżki. Na przykład "pobierz", "pobierz teraz" i "zarezerwuj połączenie" są wezwaniami do działania. Upewnij się, że wezwanie do działania na stronie docelowej jest jasne i że wszystkie elementy na stronie prowadzą widzów do niego. Możesz zaoferować jakąś zniżkę lub nagrodę, aby zachęcić ludzi do podjęcia wezwania do działania.

Upewnij się, że proces rejestracji wezwania do działania nie jest trudny. Kliknięcie "zarezerwuj połączenie", a następnie wypełnienie stron danych osobowych, na przykład, z pewnością drastycznie zmniejszy liczbę rejestracji nawet po kliknięciu przycisku wezwania do działania. Zamiast tego uprość i skróć doświadczenie klienta w jak największym stopniu.

Przeanalizowaliśmy teraz ogólne kroki związane z tworzeniem płatnego lejka reklamowego – najpierw reklamę, następnie stronę docelową, a na końcu wezwanie do działania i wynikające z nich zachowanie. Teraz przejdziemy do opisu najlepszych platform reklamowych i najlepszych praktyk dla każdej z nich.

Google Ads

Google Ads to kwintesencja platformy reklamowej w wyszukiwarkach. Wyświetla reklamy 70 000 osób googlujących coś co sekundę i czterem miliardom użytkowników.

Współczynnik klikalności Google Ads wynosi średnio 2%, co oznacza, że jeden użytkownik na pięćdziesiąt kliknięć 1,2 miliona firm korzysta z reklam Google, a firmy zarabiają średnio 2 USD na każdego wydanego dolara reklamowego.

51

Podsumowując, Google Ads to potężne narzędzie dla wszystkich rodzajów firm. Reklamy Google są oparte na PPClub model pay-per-click. Oznacza to, że płacisz tylko po kliknięciu reklamy – jeśli 1 na 100 osób kliknie reklamę, płacisz tylko za jedno kliknięcie, a nie sto wyświetleń (tzw. wyświetlenia). Pamiętaj o następujących terminach nie tylko w przypadku reklam Google, ale wszystkich platform reklamowych PPC:

- A **słowo kluczowe** to słowo lub wyrażenie wyszukane przez użytkowników, którzy zobaczą Twoją reklamę.
- Współczynnik klikalności, znany jako **CTR** lub **CTW**, to kliknięcia podzielone przez wyświetlenia lub liczbę osób, które kliknęły reklamę w porównaniu z liczbą osób, które ją zobaczyły (np. jeśli jedna na sto osób kliknie reklamę, CTR wynosi 1%).
- A **oferta** to kwota, jaką jesteś gotów zapłacić za każde kliknięcie. Platformy reklamowe działają jak domy aukcyjne: biorąc pod uwagę, że wiele firm konkuruje o te same słowa kluczowe, tylko reklama z najwyższą stawką otrzymuje miejsce docelowe.[52]
- Twój **CPC**, czyli koszt kliknięcia, to koszt reklam podzielony przez liczbę kliknięć.
- **ROAS**lub zwrot z nakładów na reklamę, jest równy łącznej wartości konwersji (np. sprzedanych jednostek lub wygenerowanych klientów) podzielonej przez łączne koszty. Jest podobny pod tym względem do ROI, choć

---

[52] To uproszczenie. Trzymaj się tego na razie, ale pamiętaj, że liczy się jakość, a nie tylko cena ofertowa.

należy pamiętać, że opiera się na przychodach podzielonych przez koszty, a nie zysk.

Pamiętając o tych warunkach, odwiedź stronę **ads.google.com**, by zacząć korzystać z reklam Google. Pamiętaj, że Google daje 500 USD bezpłatnego kredytu reklamowego nowym użytkownikom, którzy wydadzą 500 USD na reklamy.

Po zarejestrowaniu się przy użyciu firmowego adresu e-mail wykonaj kilka krótkich kroków konfiguracji. Przejdziesz na stronę "teraz nadszedł czas, aby napisać reklamę".

Pisząc tekst, skup się na prostocie. Masz ograniczoną przestrzeń, więc pomyśl o docelowych odbiorcach i wiadomości. Dołącz wezwanie do działania i upewnij się, że Twoje reklamy są zgodne z tym, co widzowie zobaczą, gdy klikną reklamę i przejdą w dół ścieżki. Użyj dowodu społecznego, a jeśli zamierzasz reklamować się lokalnie, wyjaśnij, że obsługujesz określony obszar.

Na następnej stronie wybierz konkretne i trafne słowa kluczowe, które według Ciebie są zainteresowane Twoim produktem lub usługą szukałby. Następnie określ lokalizacje, w których chcesz wyświetlać reklamę. Jeśli prowadzisz firmę z fizyczną lokalizacją, działaj hiperlokalnie. Jeśli nie, wybierz obszary, które najbardziej reprezentują grupę demograficzną, do której dążysz.

Na koniec wybierz rozsądny budżet (zacznij mały, ale nie na tyle mały, aby wyniki były trudne do zmierzenia). Po dodaniu informacji o płatności możesz zacząć działać! Po prostu potwierdź, że oferta kredytu w wysokości 500 USD została zastosowana do Twojego konta (widoczna podczas dodawania informacji o płatności).

Na Google Dodaje algorytm uwzględnia Wynik Jakości w stawkach. Z tego powodu rozpoczęcie tworzenia nowych kont i kampanii może zająć trochę czasu – zrozum, że to Google ustala jakość Twojej reklamy, a nie Twoją winę.

Kontynuując korzystanie z Google Ads, weź pod uwagę te strategie i sprawdzone metody:

- **Nagłówki i opisy testów A/B.** Gra reklamowa polega na testowaniu jak największej liczby reklam i słów kluczowych oraz sortowaniu ich w celu zidentyfikowania najlepszych wyników. W tym celu przeprowadź testy A/B, tworząc nowe reklamy, które zmieniają tylko jedną zmienną najskuteczniejszych reklam. Jeśli na przykład najskuteczniejszą reklamą jest kierowanie reklam do osób w Kanadzie za pomocą wyszukiwanego hasła "kup sprzęt do aparatu", spróbuj reklamować się tym samym słowem kluczowym w Wielkiej Brytanii. Dzielenie testów w ten sposób w czasie, a także nakładanie warstw na obszary demograficzne i zainteresowania (na innych platformach, a także Google), jest wypróbowaną i prawdziwą formułą długoterminowego sukcesu PPC.
- **Z czasem wyeliminuj mało skuteczne słowa kluczowe i lokalizacje.** Testując wiele słów kluczowych i konsekwentnie usuwając te o najniższej wydajności, stworzysz najbardziej dochodowe i najtańsze reklamy.

- **Reklamuj się na słowach kluczowych konkurencji.**
Jeśli ludzie szukają konkurentów, którzy oferują podobne produkty lub usługi do Twoich, prawdopodobnie będą również zainteresowani Twoimi produktami i usługami. Po prostu dodaj nazwy swoich konkurentów jako słowa kluczowe, na których będą wyświetlane Twoje reklamy. Korzystając z tej strategii, skup się na tym, co odróżnia Cię od konkurencji w nagłówkach i opisach.

Zwróć uwagę, jak te strategie działają w promocji książki, którą obecnie prowadzę (poniżej). Reklama działa przy niskim CTR wynoszącym 1% i podobnie niskim CPC w wysokości 0,05 USD. Biorąc pod uwagę, że około 3% kliknięć konwertuje na sprzedaż, a średni zysk z każdej sprzedaży wynosi 3,5 USD, reklama generuje zysk ROAS w wysokości 1,8 lub 1,8 USD zysku brutto na każdego dolara wydanego na reklamę.

Oprócz tych nadrzędnych strategii oto kilka narzędzi, które pomogą Ci zidentyfikować słowa kluczowe i zoptymalizować reklamy:

- **SEMrush**: potężne badania i analizy słów kluczowych.
- **SpyFu**: śledzenie słów kluczowych i badania konkurencji.
- **Odpowiedz publicznie**: zobacz, czego szukają ludzie.
- **ClickCease**: zapobiegaj oszustwom związanym z kliknięciami i farmom kliknięć.
- **Dashword**: optymalizacja tekstu reklamy.

Zakończę stwierdzeniem, że Google jest zdecydowanie największą pojedynczą platformą reklamową na świecie, z miliardami konsumentów klikających jej reklamy. Daj mu czas i zrozum, że rentowność nie zależy tylko od szczęścia, jeśli chodzi o sukces PPC, ale raczej od pracy, którą wkładasz w optymalizację kampanii.

Reklamy w YouTube

Jako wiodąca na świecie witryna do udostępniania filmów, YouTube rejestruje ponad dwa miliardy unikalnych użytkowników miesięcznie. W porównaniu z tekstowymi reklamami Google YouTube pozwala dotrzeć do odbiorców w bardzo wizualny – a jeśli zrobiony dobrze, angażujący – sposób.

Ponieważ Google jest właścicielem YouTube, reklamy YouTube można skonfigurować na platformie Google Ads, a YouTube pozwala reklamować filmy w wynikach wyszukiwania

Google.[53] Skupimy się na reklamach wideo na platformie
YouTube.

Reklamy w YouTube mogą być wykorzystywane do zwiększania zaangażowania i zwiększania liczby subskrybentów na kanale YouTube lub (co jest bardziej popularne) do kierowania widzów w dół ścieżki, aby ostatecznie zaangażować się w daną firmę. W poniższej kampanii zwróć uwagę na tani CPV lub koszt za wyświetlenie. Zasadniczo, za około 100 USD, kampania ta była w stanie skutecznie 10-krotnie przekroczyć średnią liczbę wyświetleń kanału w tym czasie, wyświetlić reklamę prawie 300 000 osób w pobliżu firmy stojącej za kanałem i wygenerować znaczną przyczepność subskrybentów.

---

[53] A także reklamuj reklamy tekstowe w YouTube.

Alternatywnie zwróć uwagę na poniższą kampanię, która została zaprojektowana w celu generowania kliknięć i przyciągania klientów do witryny. Każdy z tych kontrastujących modeli lub ich kombinacja może być wykorzystana zgodnie z celami strategii cyfrowej i społecznej.

Teraz zwróć uwagę na różne rodzaje reklam YouTube, w następujący sposób:

Reklamy wideo typu In-Stream możliwe do pominięcia: Reklamy te są odtwarzane przed filmem (przed filmem) lub w trakcie filmu (w jego trakcie) i można je pominąć po pięciu sekundach. Podobnie jak w modelu PPC, płacisz tylko wtedy, gdy widz kliknie reklamę lub obejrzy cały film (jeśli trwa poniżej trzydziestu sekund) lub pierwsze trzydzieści sekund.

Reklamy wideo In-Stream niemożliwe do pominięcia: ponieważ większość widzów YouTube automatycznie pomija reklamy po upływie pięciu sekund, YouTube oferuje reklamy In-Stream niemożliwe do pominięcia. Reklamy te, które mogą trwać do 15 sekund, nie mogą być pomijane przez użytkowników i odtwarzane ani przed filmem, ani w jego trakcie. YouTube nalicza jednak opłaty za wyświetlenia reklam niemożliwych do pominięcia, a nie za kliknięcie lub wyświetlenie. Dlatego zwiększony koszt reklam niemożliwych do pominięcia należy porównać ze zwiększonym zaangażowaniem.[54]

---

[54] Istnieją również reklamy w przerywniku, które są formą reklam niemożliwych do pominięcia, które mają zaledwie 6 sekund. Biorąc pod uwagę długość, reklamy w przerywniku najlepiej sprawdzają się w kampaniach promujących zasięg marki i rozpoznawalność, a nie w kampaniach ukierunkowanych na dotarcie do lokalnych odbiorców lub sprzedaż produktu.

Reklamy Discovery Wyświetlaj się obok wyników wyszukiwania, a nie przed filmem lub w jego trakcie. W przeciwieństwie do widzów oglądających film bezpośrednio, mają możliwość kliknięcia go i przekierowania do powiązanego filmu lub kanału. Reklamy Discovery pozwalają na trzy wiersze tekstu oprócz filmu i z tego powodu są dobre dla firm z szybkim kopiowaniem (zwłaszcza skryptami kopiowania, które działały dobrze na innych platformach reklamowych) i mniejszym naciskiem na podejście oparte wyłącznie na wideo.

Aby skonfigurować początkową kampanię, zaloguj się na konto Google Ads lub zarejestruj się na ads.google.com (pamiętaj, że środki w wysokości 500 USD na koncie Google Ads mogą mieć również zastosowanie do reklam w YouTube).

Kliknij "nowa kampania". Wybierz cel kampanii, tak jak podczas konfigurowania reklamy Google, a wybierając typ kampanii, wybierz "wideo". [55] Może być konieczne skonfigurowanie śledzenia konwersji, które jest prostą integracją witryny, w zależności od wybranego celu.

Następnie wybierz podtyp kampanii (typy reklam opisane powyżej). Na razie zignoruj "outstream" i "sekwencję reklam". Wybierz język reklamy, lokalizacje, w których chcesz się reklamować, cel kampanii (wybór automatyczny jest w porządku i nie ma potrzeby ustawiania docelowego kosztu działania jako użytkownik po raz pierwszy) oraz budżet.

---

[55] Możesz też przejść bezpośrednio na stronę konfiguracji reklamy wideo, wpisując w Google "reklamy w YouTube".

Możesz teraz utworzyć grupę niestandardowych odbiorców, która obejmuje dane demograficzne, zainteresowania i remarketing (np. użytkowników, którzy już zareagowali na Twoje treści lub witrynę). Zaprojektuj grupę niestandardowych odbiorców wokół grupy docelowej zdefiniowanej dla Twojej firmy w sekcji strategii marki. Upewnij się, że nie jesteś zbyt szczegółowy, w przeciwnym razie zasięg reklamy będzie ograniczony. Jeśli chodzi o miejsca docelowe - jeśli dopiero zaczynasz przygodę z reklamą online, rzuć szeroką sieć przez kilkadziesiąt słów kluczowych, tematów i miejsc docelowych, które pasują do docelowych odbiorców. Google zrobi to za Ciebie na podstawie treści filmu, którym się reklamujesz, więc możesz też pozostawić miejsca docelowe jako "dowolne".

Może być konieczne dodanie treści do banera towarzyszącego – jeśli tak, pozwól Google automatycznie je wygenerować. Na koniec wybierz silne wezwanie do działania i nagłówek do wyświetlenia pod reklamą wideo.

Teraz możesz kliknąć "utwórz kampanię". Emisja reklamy powinna rozpocząć się w ciągu kilku godzin. Pamiętaj o tych strategiach i wskazówkach, kontynuując wyświetlanie reklam w YouTube:

Upewnij się, że Twoje **konto Google Ads jest połączone z Twoim kanałem YouTube.** Aby to zrobić, kliknij "Narzędzia i ustawienia", "Konfiguracja" i "Połączone konta".

Ustaw reklamy w YouTube jako niepubliczne. Reklamy w YouTube muszą być przesyłane do YouTube. Jeśli zamierzasz używać filmów w reklamach, ale nie chcesz, aby były publiczne na głównym kanale, ustaw widoczność na "niepubliczny" w ustawieniach filmu. Ponadto pobierz YouTube Studio i aplikacje Google Ads, aby korzystać z analiz w podróży.

W badaniu przeprowadzonym przez Unskippable Labs stwierdzono, że **30-sekundowe reklamy YouTube z możliwością pominięcia mają najwyższy współczynnik obejrzenia (VTR)**. Pierwsze pięć sekund jest najważniejsze – skoncentruj reklamę na propozycji wartości, boisku, sloganie lub ofercie złożonej w tym początkowym przedziale czasowym.

Projektuj reklamy specjalnie pod kątem wyświetlania na urządzeniach mobilnych lub komputerach. Reklamy przeznaczone do wyświetlania na urządzeniach mobilnych powinny zawierać duże i przejrzyste elementy tekstowe i graficzne. Pulpit zapewnia więcej miejsca na kreatywne elementy i funkcje projektowe.

Wykorzystaj eksperymenty kampanii. Eksperymenty kampanii (podobne do testów A/B na Facebooku, które wkrótce się pojawią) pozwalają użytkownikom kopiować reklamy i zmieniać jedną lub wiele zmiennych. Dzięki temu możesz sprawdzić, jak zmiana niektórych zmiennych, takich jak słowa kluczowe, strony docelowe lub odbiorcy, wpływa na skuteczność reklam.

Jakość wygrywa. Podobnie jak autentyczność. Jakość i autentyczność reprezentują dwa kontrastujące podejścia do reklam - powiedzmy, reklamę Superbowl ze znanymi aktorami, złożonymi zestawami i efektami wizualnymi w porównaniu z osobą nagrywającą na iPhonie 6 w salonie. Oba tematy działają – poświęć trochę czasu na zastanowienie się, jaki nadrzędny motyw i styl reklamy pasuje do Twojej marki i komunikuje się z odbiorcami w najlepszy możliwy sposób. Sprowadzenie pomocy z zewnątrz w celu stworzenia świetnych reklam jest prawie zawsze właściwym posunięciem.

Ucz się od konkurencji i od siebie. Jeśli konkurenci oferujący podobne produkty lub usługi do Twojego wyświetlają reklamy YouTube od jakiegoś czasu, prawdopodobnie coś wymyślili. Użyj ich reklam jako punktu danych, zastanawiając się, jak zaprojektować reklamy i kampanie. Ponadto, jeśli odniosłeś sukces na innych platformach reklamowych, uwzględnij te wnioski w procesie tworzenia i optymalizacji reklam w YouTube. Twoje zsumowane działania marketingowe (szczególnie wśród cyfrowych platform reklamowych) najlepiej postrzegać jako sieć, która wykładniczo uczy się, co działa, a co nie w miarę upływu czasu.

Omówiliśmy teraz reklamy w YouTube – następny jest gigant reklam społecznościowych.

Na Facebooku Reklamy

Podczas gdy Google może być kwintesencją platformy reklamowej wyszukiwarki (przeglądarki), Facebook jest klasyczną platformą reklamową w mediach społecznościowych. Facebook ma prawie trzy miliardy aktywnych użytkowników miesięcznie, podczas gdy średni współczynnik konwersji (CTR) reklam na Facebooku wynosi około 9%, a 41% ankietowanych sprzedawców stwierdziło, że ich ROAS był najwyższy na Facebooku. Facebook jest również potężną platformą reklamową, ponieważ zapewnia szereg narzędzi, dzięki którym reklamodawcy mogą dokładnie kierować reklamy do osób, do których chce dotrzeć, na przykład poprzez zainteresowania, zachowania, historię i tak dalej. Chociaż targetowalność reklam na Facebooku zmniejszyła się w ostatnim czasie z powodu obaw o prywatność, nadal stanowi bardzo potężne narzędzia kierowania w porównaniu z większością głównych platform reklamowych.

Reklamy na Facebooku są zintegrowane z Instagramem (ponieważ Meta, dawniej Facebook, jest właścicielem zarówno Facebooka, jak i Instagrama) w takim stopniu, że reklamy utworzone za pośrednictwem Facebooka mogą być wyświetlane jednocześnie na Instagramie.

Wreszcie, Facebook ma "Meta piksel" (dawniej piksel Facebooka), który jest fragmentem kodu dodanym do Twojej witryny. Dzięki temu możesz skutecznie monitorować działania podejmowane przez klientów za pośrednictwem reklam na Facebooku, aby lepiej monitorować konwersje i dane końcowe. Piksel Facebooka umożliwia również późniejsze kierowanie reklam do klientów, ponieważ śledzi ich działania po odwiedzeniu witryny i agreguje te dane w celu automatycznej optymalizacji reklam. Piksele można nawet skonfigurować w witrynie jeszcze przed rozpoczęciem korzystania z reklam na Facebooku.

Aby to zrobić, przejdź do "menedżera wydarzeń" w sekcji "wszystkie narzędzia" w business.facebook.com. Kliknij "połącz źródła danych", "sieć", a następnie wybierz "Meta Pixel". Kliknij przycisk Połącz, a następnie nadaj mu nazwę i wprowadź adres URL witryny. Będziesz mógł automatycznie połączyć się z WordPress. Jeśli zdecydowałeś się skorzystać z innego dostawcy witryny niż WordPress, wyszukaj samouczek, jak ręcznie zainstalować piksel w tym systemie.

Po zintegrowaniu piksela można skonfigurować zdarzenia. Wydarzenia to działania podejmowane przez użytkowników w witrynie, takie jak zakup produktu, dołączanie do listy e-mailowej lub rezerwowanie spotkania. Chociaż możesz skonfigurować zdarzenia ręcznie, najłatwiej to zrobić za pomocą narzędzia do konfiguracji zdarzeń, które można znaleźć w Menedżerze zdarzeń Meta.

Po prawidłowym zainstalowaniu piksela i utworzeniu zdarzeń przyjrzyjmy się platformie reklamowej Facebooka i konfiguracji kampanii.

Upewnij się, że jesteś zalogowany(a) na konto firmowe na Facebooku. Następnie przejdź do facebook.com/adsmanager/manage/campaigns, która przeniesie Cię bezpośrednio do Menedżera reklam. Pamiętaj, aby pobrać aplikację Menedżer metareklam do analityki mobilnej.

Następnie kliknij przycisk "Utwórz" pod campaigns i wybierz cel kampanii. Większość małych firm wybiera sprzedaż, potencjalnych klientów lub świadomość. Po wybraniu tej opcji nastąpi przekierowanie na nową stronę kampanii. Reklamy na Facebooku działają na trzech poziomach:

Kampanie Zdefiniuj nadrzędne cele reklamy, takie jak cel, i ułatw grupowanie różnych kampanii według przypisanego im celu.

Zestawy reklam znajdują się o jeden poziom poniżej kampanii i definiują określoną grupę odbiorców, którym wyświetlane są reklamy. Tutaj możesz też ustawić budżet, harmonogram i stawki.

Wreszcie, **do** jest tym, co widzą klienci. Na poziomie reklamy dodasz tekst, elementy wizualne i przycisk CTA.

| Campaigns | Ad sets | Ads |

Dlatego każdy zestaw reklam może zawierać wiele reklam, a każda kampania może mieć wiele zestawów reklam. Podczas konfiguracji zostanie wyświetlony monit o utworzenie jednej kampanii, jednego zestawu reklam i jednej reklamy.

Po powrocie do ekranu konfiguracji kampanii wybierz nazwę, wyłącz opcję "Test A/B" (najłatwiej to zrobić na pasku narzędzi Menedżera reklam), włącz "Budżet kampanii z korzyściami" i naciśnij Dalej.

Teraz na stronie tworzenia zestawu reklam możesz określić grupę odbiorców, do której chcesz dotrzeć. Połącz piksel, włącz "dynamiczny materiał reklamowy" i ustaw budżet. Najlepiej podzielić budżet na wiele reklam (aby ostatecznie skierować je do najskuteczniejszych reklam), zamiast wydawać go na jedną reklamę.

Następnie wybierz grupę odbiorców. Grupy odbiorców można dostosowywać na podstawie lokalizacji, wieku, płci, powiązań, danych demograficznych, zainteresowań, języków i zachowań. Ponownie, reklamy są tak naprawdę eksperymentowaniem, więc powinieneś starać się testować różnych odbiorców w czasie. Na razie dostosuj grupę odbiorców do normalnego typu klienta, którego obsługujesz. Nie czuj potrzeby korzystania ze wszystkich opcji targetowania – jeśli na przykład Twoja baza klientów nie jest stronnicza w stosunku do określonej płci, po prostu pozostaw ją jako "wszystkie płcie". Chociaż zazwyczaj lepiej jest zachować wybór grupy odbiorców na początku, upewnij się, że wybrana grupa odbiorców nie jest zbyt mała. Jeśli nie, nie będziesz w stanie wygenerować wystarczającej liczby wyświetleń ani znaczących konwersji. Zachowaj "szczegółowe targetowanie korzyści" i pamiętaj, aby zapisać odbiorców do dalszego wykorzystania i testów A / B. Na razie pozostaw pole "Koszt za wynik" puste.[56]

Teraz możesz przejść do strony konfiguracji reklamy. Upewnij się, że połączone konta na Facebooku i Instagramie są prawidłowe. Następnie wybierz format i pamiętaj, że "karuzela" najlepiej wyświetlać wiele obrazów lub filmów opisujących Twoją ofertę lub firmę.

Niestandardowe reklamy PPC są najlepsze – podobnie jak w przypadku reklam w YouTube, ludzie zauważają wysokiej jakości grafikę, zdjęcia i filmy. Co ważniejsze, prawie każdy natychmiast przewinie te złe. Skoncentruj się na prostocie i atrakcyjnych efektach wizualnych. Jak zawsze, pamiętaj o włączeniu elementów strategii marki.

Projektując reklamę i pisząc tekst, pomyśl o propozycji wartości reklamy – potrzebujesz czegoś tak lepkiego lub kuszącego, że ludzie z pewnością to zbadają. Może to być duża zniżka, unikalny produkt, lokalna usługa lub rozdzierająca serce wiadomość. Cokolwiek to jest, upewnij się, że jest to wyraźnie zaznaczone w nagłówku, tekście podstawowym i grafice. Specyfikacje reklam są następujące:

---

[56] Ponieważ koszt uzyskania wyniku jest bardzo zróżnicowany, najlepiej jest ustawić cel dopiero po ustaleniu planu bazowego.

- **Reklamy graficzne:** Rozmiar: 1 200 x 628 pikseli. Stosunek: 1,91: 1.
- **Reklamy wideo:** Rozmiar pliku: maks. 2,3 GB. Rozmiar miniatury: 1 200 x 675 pikseli.
- **Reklamy karuzelowe:** rozmiar obrazu: 1,080 x 1,080 pikseli.
- **Reklamy w formie pokazu slajdów:** Rozmiar: 1,289 x 720 pikseli. Stosunek: 2: 3, 16: 9 lub 1: 1.

Pamiętaj, aby wypełnić pięć możliwych opcji nagłówka i tekstu tekstu (ponownie pracuj wstecz, aby zidentyfikować najlepszych wykonawców z mocnego zestawu początkowego). Nie przesadzaj ze słowami kluczowymi ani nie próbuj brzmieć zbyt przynętnie na kliknięcia – po prostu przekaż swoją wartość.

Na koniec wybierz odpowiedni przycisk CTA. Po zakończeniu pomyślnie utworzysz kampanię, zestaw reklam i reklamę. Pozostaje tylko kliknąć przycisk Opublikuj.

Postępuj zgodnie z tą samą strategią, o której mowa w sekcji Reklamy Google, dzieląc budżet na kilka reklam i zestawów reklam, usuwając osoby osiągające najgorsze wyniki, testując najlepsze wyniki A/B i kontynuując ten proces w czasie (lub w zakresie, który najlepiej służy Twojej firmie). Na koniec oto kilka szybkich wskazówek do rozważenia:

- Twórz reklamy na kanwie na Facebooku — choć tworzenie wymaga większego wysiłku, ale okazuje się, że zwiększają one aktywność.

- Zwiększ widoczność posta dzięki celowi "zaangażowanie".
- Skorzystaj z narzędzia "grupy podobnych odbiorców".
- Wybierz umieszczanie reklam tylko na komputerach lub urządzeniach mobilnych (które lepiej pasują do Twojego lejka).

Na tym kończą się reklamy na Facebooku. Pamiętaj, że zmiany prywatności zmuszają Facebooka do częstego aktualizowania mechanizmów śledzenia. Ta książka będzie aktualizowana co roku, aby jak najdokładniej odzwierciedlić bieżące warunki, ale zrozum, że proces konfiguracji może się różnić w czasie.

Reklamy na Instagramie

Reklamy na Facebooku są automatycznie wyświetlane na Instagramie. Ta sekcja dotyczy funkcji "promowane posty" na Instagramie, co pozwala użytkownikom promować posty na Instagramie tak, jakby były reklamami. Reklamy na Instagramie to świetny sposób na zwiększenie ekspozycji i szybkie zdobycie liczby obserwujących na Instagramie.

Aby promować posty, podpisz się na firmowe (profesjonalne) konto na Instagramie. Przejdź do "Narzędzia reklamowe" i dotknij "wybierz post". Wybierz post, który chcesz promować – jeśli nie masz jeszcze konta na Instagramie połączonego ze stroną firmy na Facebooku, teraz jest na to czas.

Następnie ustaw cel reklamy, dostosuj grupę odbiorców, do której chcesz dotrzeć, i wybierz budżet. Reklama rozpocznie się wkrótce —Bądź na bieżąco z Analytics za pomocą przycisku Analytics w każdym poście lub przycisku "Narzędzia reklamowe".

Jeśli masz sklep na Instagramie dołączony do strony, możesz oznaczyć swoje produkty w poście, a następnie promować ten post, aby uwzględnić je w reklamie.

Podczas gdy reklamy na Instagramie są nie są tak prawdopodobne, że dostarczą asymetrycznych wyników w porównaniu z platformami takimi jak Google czy Facebook, są one szczególnie stabilne i spójne w dostarczanych wynikach, a jak stwierdzono, jest to świetny sposób na zwiększenie ekspozycji i zwiększenie liczby obserwujących.

Rozważać Analityka z mojej promocji postu na małą skalę. 200 USD wydatków na reklamę wygenerowało około 1 400 polubień, 70 udostępnień i 5 881 wizyt profilowych, co przekształciło się w kilkuset nowych obserwujących. Na stosunkowo niewielkim koncie był to świetny impuls do rozwoju strony i ekspozycji postu.

Niestety, Instagram nie oferuje obecnie nagród użytkownikom reklam na Instagramie po raz pierwszy. Jeśli chcesz uzyskać kredyt na utworzenie reklamy za pośrednictwem Facebooka, którą można udostępnić na Instagramie (bez korzyści związanych z zaangażowaniem i ekspozycją wynikającą z promowania posta), zapoznaj się z sekcją Reklamy na Facebooku.

Omówiliśmy teraz główne platformy reklamowe: Facebook, Instagram, Google i YouTube. Zbadamy teraz drugi poziom platform reklamowych: Nextdoor, TikTok, Pinterest, Snapchat i Amazon.

Reklamy Nextdoor

Ta sekcja została napisana z wglądem Blake'a Martina, który wykorzystał Nextdoor Ads, aby rozwinąć swoją firmę zajmującą się malowaniem krawężników do sześciocyfrowego zysku jako licealista.

Nextdoor to potężne narzędzie do nawiązywania kontaktów i generowania leadów dla firm obsługujących lokalną klientelę. Oferując 70 milionów użytkowników, Nextdoor wykorzystuje społeczność, aby pomóc firmom w rozwoju - w rzeczywistości 88% osób robi zakupy w lokalnej firmie co najmniej raz w tygodniu i

44% twierdzi, że jest skłonnych wydać więcej w lokalnych firmach. Tak więc wykorzystanie Nextdoor jako megafonu do dotarcia do lokalnej społeczności poprzez reklamy i treści organiczne jest absolutnym imperatywem dla firm z fizycznymi lokalizacjami lub obsługujących lokalną społeczność.

Zbadamy kilka technik informacyjnych, które okazały się mieć korzystny wpływ na wiele małych firm. Wszystkie firmy powinny założyć swoją stronę biznesową i udostępnić początkowy post przedstawiający ich działalność na platformie Nextdoor; Jeśli Twoja firma oferuje produkty o niskim bilecie i czerpie największe korzyści z powtarzającej się lokalnej bazy klientów, regularne publikowanie treści organicznych jest główną strategią (w odniesieniu do reklam, które omówimy dalej).

W początkowym poście postępuj zgodnie z formatem *sprzedaży własnej* lub metodą *sprzedaży klienta*. Metoda *sprzedaży jest* klasyczna, ale mimo wszystko skuteczna. Zacznij od przedstawienia swojej firmy społeczności w sposób przyjazny (włącz swoją historię tak bardzo, jak to możliwe), a następnie określ, co odróżnia Cię jako firmę od innych w Twojej społeczności (uwzględnij odpowiednie wizualizacje). Jako przykład w pierwszej linii:

"Cześć, nazywam się Daegan. Jestem fryzjerem w San Fransisco specjalizującym się w rozwiązywaniu problemu wypadania włosów. "

Nextdoor ma starszą publiczność niż typowa aplikacja społecznościowa, więc Daegan wyróżniał się, zapewniając rozwiązanie problemu powszechnie występującego wśród starszych grup demograficznych. Powielanie tego w ramach boiska Nextdoor zależy od tego, gdzie mieszkasz - po prostu przeanalizuj grupy wiekowe i dane demograficzne w swojej społeczności.

W poście uwzględnij również ceny produktu / usługi i zamknij z danymi kontaktowymi i lokalizacją sklepu (jeśli dotyczy), a także rabatami lub nagrodami. Możesz pomyśleć o tym inicjale

Post Nextdoor jako część lejka: celem jest zachęcenie odbiorców do zaangażowania się w post i wykonania wezwania do działania.

Drugi format postu, zwany metodą *sprzedaży klienta,* polega na zachęceniu klienta do rozważenia korzyści, jakich doświadczyliby z Twoich produktów lub usług. Na przykład, w przeciwieństwie do Daegana opisującego po prostu swoją działalność, mógł opublikować zdjęcie przed i po leczeniu wypadania włosów. Opisując stałego klienta i sposób, w jaki rozwiązuje on jego problemy, ludzie, którzy pasują do docelowego profilu klienta, zareagują silnie - w istocie sprawią, że widz zastanowi się, co Twój produkt / usługa może dla nich zrobić poprzez wizualne wskazówki, referencje i kuszący język. Co najważniejsze, upewnij się, że Twoje posty opowiadają historię. Na Nextdoor nie chcesz brzmieć jak ogólna reklama, ale jednocześnie nie sprawiaj, aby Twoja firma brzmiała jak hobby. Zamiast tego opowiedz powiązaną, profesjonalną i wciągającą historię, która kończy się wezwaniem do działania. Pamiętaj, aby zaangażować się po udostępnieniu posta – odpowiadanie na komentarze znacznie wzmacnia połączenia.

Podsumowując, byłbyś zaskoczony wpływem, jaki jeden silny post Nextdoor może mieć na Twoją firmę. Aplikacje takie jak Nextdoor mają tendencję do bycia przykładem efektu kuli śnieżnej - jeśli Twój post wybuchnie, wszyscy w społeczności poczują się zobowiązani do wypróbowania Twojej firmy, napędzani przez FOMO i chęć wspierania lokalnych przedsiębiorców.

Poza treściami organicznymi, reklama za pośrednictwem Nextdoor jest potężnym narzędziem idealnym dla firm sprzedających przedmioty lub usługi o wysokich biletach. Pamiętaj, że reklamy Nextdoor nie są wyświetlane w modelu PPC - zamiast tego płacisz z góry, a reklamy mieszają się z treściami organicznymi na karcie "home" Nextdoor. Ponieważ Nextdoor pokazuje użytkownikom stosunkowo niewiele reklam w porównaniu z większością innych platform społecznościowych, konwersje są zwykle lepsze, nawet jeśli śledzenie i analityka są gorsze.

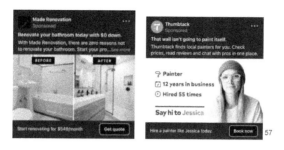

Aby rozpocząć, odwiedź stronę business.nextdoor.com. Kliknij "odbierz bezpłatną stronę biznesową" i upewnij się, że jesteś zalogowany na swoje osobiste konto Nextdoor. Wpisz nazwę, adres i kategorie (wybierz kilka!) firmy. Po kliknięciu "utwórz stronę" zostaniesz przekierowany na stronę tworzenia reklamy. Wybierz cel kampanii: "Uzyskaj więcej bezpośrednich wiadomości" jest najlepszy dla firm sprzedających przedmioty o wysokich biletach lub zbudowanych wokół potencjalnych klientów, "Zwiększ liczbę odwiedzin witryny" jest najlepszy dla firmy sprzedającej szereg produktów online, a "Promuj wyprzedaż lub rabat" jest najlepszy, jak można się domyślić, gdy masz silną sprzedaż lub zachętę do promocji. W zależności od wybranego celu kampanii wykonaj następujący krok:

Otrzymuj więcej bezpośrednich wiadomości. Napisz kilka niestandardowych podpowiedzi, szczegółowo opisując często zadawane pytania i pytania, które potencjalni klienci mogą zadać. Wypełnij nie mniej niż trzy i nie więcej niż siedem.

---

57 *Następny: Made Renovation, Thumbpink*

Promuj wyprzedaż lub rabat i zwiększaj liczbę odwiedzin witryny. W przypadku treści reklam poświęć się na powiązanie i niepowtarzalność. Zidentyfikuj najlepsze punkty sprzedaży i slogany z sekcji tożsamości marki (dla nagłówka) i wykorzystaj ankiety, statystyki i referencje jako dowód społeczny (dla obrazu). Upewnij się, że link prowadzący do zoptymalizowanej strony docelowej i przycisk CTA pasuje do strony docelowej.

Następnie zastanów się nad obszarem, w którym chcesz promować swoje reklamy. Aby to zrobić, przeanalizuj, gdzie mieszkają Twoi obecni klienci, jak Cię znajdują i jak daleko byliby skłonni pojechać dla Twojego produktu lub usługi. Rozpoczęcie uber lokalne i rozwijanie się z czasem jest zwykle najlepszym rozwiązaniem.

Na koniec ustaw budżet i kliknij Opublikuj. Ponieważ reklamy Nextdoor nie są oparte na modelu PPC, aktualizacja i optymalizacja kampanii reklamowych w czasie jest w dużej mierze kwestią wyświetlania wielu tanich reklam (3-10 USD dziennie) i przenoszenia wydatków na reklamę w czasie do najlepszych wyników.

Nextdoor naprawdę zrobił cuda dla mojej firmy i jestem głęboko przekonany, że może zrobić to samo dla wielu firm, które polegają na swojej lokalnej społeczności, aby się rozwijać i prosperować. Może twój sąsiad będzie twoim najlepszym klientem!

TikTok Reklamy

TikTok Ostatnio podbił świat reklam, a wielu sprzedawców internetowych mówi o nim jako o gorączce złota. TikTok reklamy działają najlepiej dla firm, które chcą kierować reklamy do odbiorców poniżej 30 roku życia za pomocą produktów lub usług oferowanych online (np. Nie próbuj reklamować się lokalnie TikTok). TikTok reklamy są dystrybuowane w innych aplikacjach w sieci TikTok, w szczególności Pangle i BuzzVideo.

Wszystkie TikTok reklamy są krótkie i zorientowane pionowo; Ekstremalnie krótkie działa najlepiej, więc poniżej 15 sekund (choć nawet krótsze często jest lepsze). Atrakcyjność wizualna, a także mocne komunikaty są koniecznością.

Podczas konfigurowania pierwszej kampanii, w sekcji "Utwórz nowy" pojawi się monit o wybranie miejsc docelowych reklamy: możesz wybrać automatyczne umieszczanie, gdzie TikTok wybiera dla Ciebie, lub przejść ręcznie i wybrać, gdzie chcesz wyświetlać reklamy. Początkowo najlepiej jest wybrać automatyczne umieszczanie lub przetestować szeroką gamę ręcznych umiejscowień przy ograniczonym budżecie. Następnie możesz tworzyć grupy niestandardowych odbiorców podobnie jak na Facebooku (pamiętaj, że TikTok "grupy reklam" są odpowiednikami "zestawów reklam" na Facebooku). Zauważ, że TikTok ma piksel podobny do piksela Facebooka.

Na koniec nie polecam popychania TikTok filmy jako reklamy tylko po to, aby zwiększyć ekspozycję i zwiększyć liczbę obserwujących. TikTok nie jest trudny do rozwoju dzięki treściom organicznym w stosunku do prawie każdej innej platformy społecznościowej, a osiągnięcie progu rentowności dzięki reklamom zaprojektowanym w celu zwiększenia ekspozycji jest mało prawdopodobne. Pracowałem z jedną firmą, która wkładała tysiące dolarów w reklamy TikTok właśnie w tym celu - ich konto, mimo że zostało zweryfikowane i miało duży zespół społecznościowy, wpadło na ziemię i zgromadziło tylko kilkaset tysięcy polubień, co przełożyło się na poniżej 10 000 obserwujących i prawie całkowitą stratę pod względem ROAS.

Zamiast tego dźwignia finansowa reklamy in-feed TikTok, aby zachęcić użytkowników do odwiedzenia strony docelowej. Zacznij w getstarted.TikTok.com.

Reklamy na Pintereście

Na Pintereście Reklamy są najlepsze dla firm z wysoce wizualnymi treściami i ofertą, a często z jakimś centralnym tematem projektowania. Większość reklam na Pintereście to "Piny promowane", które pojawiają się w Aktualnościach obok zwykłych Pinów. Promowane karuzele są atrakcyjną alternatywą dla promowanych pinów. Pinterest ma odpowiednik piksela Facebooka, zwany tagiem Pinteresta, więc zainstaluj go w swojej witrynie przed rozpoczęciem kampanii reklamowych. Następnie zacznij od business.pinterest.com i postępuj zgodnie z opisanymi do tej pory praktykami optymalizacyjnymi.

Reklamy Snapchat

Snapchat Reklamy są najlepsze dla firm sprzedających swoje produkty lub usługi online i kierujących reklamy do młodszych grup demograficznych. Większość reklam Snapchata to krótkie filmy wyświetlane w aplikacji, które zachęcają użytkowników do przesunięcia palcem w górę i odwiedzenia linku podanego przez reklamodawcę. Reklamy te mają zaledwie 3-10 sekund, więc muszą mieć znaczący wpływ w przydzielonym krótkim czasie. Jeśli reklamy Snapchata pasują do Twojej firmy, zastanów się, jak przerobić wiadomości na krótki format wideo. Zacznij w ads.snapchat.com.

Reklamy Amazon

Amazonka reklamy mogą być wykorzystywane tylko przez dostawców do reklamowania produktów, które już wymienili na Amazon. Jeśli masz produkty wymienione na Amazon, rozważ włączenie reklam Amazon do swojej strategii cyfrowej, aby zwiększyć rankingi produktów i generować recenzje, szczególnie na nowo wprowadzonych produktach. Amazon oferuje kilka kontrastujących typów reklam - produkty sponsorowane, sponsorowane marki i reklamy wideo (reklamy wideo nie wymagają reklamowania produktu sprzedawanego na Amazon). Zalecam wykorzystywanie sponsorowanych reklam produktów i marek tylko wtedy, gdy sprzedajesz produkty na Amazon - w przeciwnym razie trzymaj się reklam Google, Facebook i

YouTube dla produktów i usług, które nie są sprzedawane za pośrednictwem Amazon. Należy przy tym pamiętać, że Amazon stosuje podobny model PPC do dotychczas badanych platform. Po prostu postępuj zgodnie z tymi najlepszymi praktykami i odwiedź advertising.amazon.com, aby rozpocząć.

Oto, jak wygląda dzień zoptymalizowanej kampanii reklamowej Amazon (sprzedaż produktu o wartości około 9 USD):

Spend ⊕	x	Sales ⊕	x	Impressions ⊕	x	Clicks ⊕	x	ACOS ⊕	x
$31.14 TOTAL		$101.50 TOTAL		34,582 TOTAL		63 TOTAL		30.68% AVERAGE	

Oto ta sama kampania, która rozpoczęła się po raz pierwszy:

Spend ⊕	x	Sales ⊕	x	Impressions ⊕	x	Clicks ⊕	x	ACOS ⊕	x
$33.38 TOTAL		$17.98 TOTAL		47,731 TOTAL		52 TOTAL		185.65% AVERAGE	

Reklamy LinkedIn

Rejestrowanie Reklamy są najlepsze dla firm B2B (firm sprzedających produkty lub usługi innym firmom) oraz sprzedających profesjonalne produkty lub usługi.

Aby rozpocząć korzystanie z reklam LinkedIn, kliknij "reklamuj" w kropkowanym polu w prawym górnym rogu strony głównej. Skonfiguruj konto Campaign Managera i kliknij "Utwórz" i "Kampania".[58] Pamiętaj, aby z czasem skonfigurować znacznik LinkedIn Insight (odpowiednik piksela Facebooka).

---

[58] Zauważ, że grupy kampanii LinkedIn są po prostu jednym z poziomów wiader powyżej kampanii i istnieją wyłącznie do celów organizacyjnych.

Postępuj zgodnie z procesem konfiguracji podobnym do opisanych wcześniej platform reklamowych. Dla osób zainteresowanych zwiększeniem zaangażowania LinkedIn, wybierz "wyświetlenia wideo" lub "zaangażowanie" jako cele kampanii. Aby zbudować lejek przeznaczony do sprzedaży produktu lub usługi, wybierz "Konwersje w witrynie" lub "Konwersje kontaktowe". Wybierz format reklamy na podstawie typu treści, który Twoim zdaniem jest najskuteczniejszy dla Twojej firmy. Może to być wideo, obrazy lub wiadomości tekstowe. Po zakończeniu kliknij "Dalej" i wypełnij treść reklamy. Następnie uruchom i jesteś gotowy do pracy. Kontynuując wyświetlanie reklam w serwisie LinkedIn, weź pod uwagę następujące wskazówki:

- Pracując z małymi budżetami, przetestuj wiele niestandardowych odbiorców specyficznych dla ubera (z grupą docelową co najmniej 50 000) z targetowaniem, które Twoim zdaniem sprawdzi się najlepiej lub sprawdziło się na innych platformach.
- Wykorzystaj wykres skuteczności i kartę Dane demograficzne, aby z czasem dostosowywać reklamy.
- Skonfiguruj dopasowanych i podobnych odbiorców, aby ponownie kierować reklamy do użytkowników witryny. Znajdź opcje dopasowanych odbiorców na ekranie kierowania w usłudze Campaign Manager i znajdź opcje podobnych odbiorców w sekcjach "Plan", "Odbiorcy" i "Utwórz grupę odbiorców".

Podsumowując, LinkedIn to mistrzowska platforma do docierania do profesjonalnych odbiorców: używaj jej dobrze.

Reklamy niszowe

Do tej pory omówiliśmy większość największych sieci reklamowych na świecie. Pozostali wszyscy niszowi gracze w grze reklamowej - a mianowicie ci, którzy oferują reklamy na platformach skoncentrowanych na jednym zainteresowaniu lub grupie demograficznej.

Na przykład moja agencja wydawnicza rutynowo wyświetla reklamy na Goodreads, która jest platformą społecznościową specjalnie dla czytelników.

Aby znaleźć niszowe możliwości reklamowe, rozważ witryny i aplikacje odwiedzane przez docelowych odbiorców. Odwiedź je i sprawdź, czy oferują miejsca docelowe reklam. Wystarczy wiedzieć, że wiele mniejszych platform ma minimum – na przykład Goodreads wymaga co najmniej 5 000 USD wydatków na reklamę (3 200 USD, jeśli pracuje za pośrednictwem agencji partnerskiej). Jeśli warunki nie są jasne, nie wahaj się skontaktować z zespołami pomocy technicznej lub administratorami.

Reklama alternatywna

Reklama PPC nie odzwierciedla pełnego zakresu reklam cyfrowych ani dostępnych możliwości marketingowych. Zbadamy dwie alternatywne strategie najczęściej stosowane przez małe firmy: influencer marketing i marketing afiliacyjny.

Influence Marketing

Do tej pory było jasne, że tworzenie treści jest lukratywną okazją dla firm, aby dotrzeć do większej liczby osób i przekształcić tych widzów w klientów.

Influencer marketing przynosi podobne korzyści odbiorcom.Budowanie, ale omija trudności związane z tworzeniem i udostępnianiem treści: mianowicie. Polega na tym, że firmy płacą pieniądze lub oferują darmowe produkty wpływowym mediom społecznościowym w zamian za reklamy skierowane do odbiorców influencera.

Na przykład marka kosmetyczna może zapłacić influencerowi kosmetycznemu z subskrybentami 500k na YouTube $ 3,000, aby porozmawiać o produktach marki kosmetycznej przez trzydzieści sekund w filmie. Alternatywnie, influencer może również otrzymać 3000 USD bezpłatnego produktu w zamian za reklamę lub zadeklarować się jako "sponsorowany" przez markę kosmetyczną, a tym samym utrzymywać długoterminową relację, podczas gdy marka płaci influencerowi za używanie i reklamowanie swoich produktów lub usług w dłuższej perspektywie i przez cały okres ich obecności społecznej i treści ciała.

Jako ktoś, kto był zarówno influencerem, jak i biznesem w relacji z influencer marketingu, mogę mówić o korzystnej dla obu stron naturze marketingu influencer i fakcie, że jest to opłacalna strategia Dla praktycznie wszystkich firm, ponieważ influencerzy reprezentują wszystkie nisze i rozmiary, jakie można sobie wyobrazić. Aby zidentyfikować influencerów, z którymi może pracować Twoja marka, zapoznaj się z tymi platformami:

- Wpływ
- Upfluence
- Creator.co

Alternatywnie, wyszukaj swoją niszę lub branżę na dowolnej platformie społecznościowej i sprawdź najlepszych influencerów. Staraj się współpracować z wpływowymi osobami, które mają odbiorców odzwierciedlających docelową demografię, wysokie wskaźniki zaangażowania, niską liczbę reklam i wartości pasujące do Twojej marki.

Podczas docierania do wpływowych osób najlepiej są spersonalizowane wiadomości. Porównaj dwa e-maile, które otrzymałem:

Jake Clarke <jake.clarke@mana.tech>
to me ▾

Mon, Aug 16, 2021, 12:00 PM ☆ ↩ ⋮

Hey Jon,

Absolutely loving the fitness content, especially the 30 day transformations on TikTok (calf one looked rough)!

I'm currently working with a brilliant team of ex-Apple/Amazonians to build something that helps creators with a positive influence on their audience engage and monetize. We think you would be a great fit and would love to work with you.

Would you be up for a short call to discuss a sponsored TikTok and how you could (if you wanted) monetise on our platform with paid digital content and 1 to 1 sessions?

Let us know :)

Jake (https://www.youtube.com/c/JakeClarke)

Christina Cold <christina@thecoldestwater.com>
to me ▾

Sat, Mar 20, 2021, 12:40 AM ☆ ↩ ⋮

Hi 000reps ,

I'm Christina, from the Influencer division at The COLDEST Water (thecoldestwater.com), a premium water bottle brand, with over 8000+ five star reviews on Amazon to back it up. We are a fun, customer service oriented, and battle themed brand creating the Coldest products to fight against our one true enemy, HOT.

We recently came across your TikTok channel https://vt.tiktok.com/ZSJFNV1RX/ and we think you would make a great fit.

We would like to offer you a flat fee salary for 10 TikTok creations featuring The Coldest Water (120 USD) plus a bonus commission of 8% per sale from the traffic you drive through your custom link we will provide you with, or if someone were to use your custom promo code.

Our rate offer flat fee salary is based on our Company Payscale which is based on a review of Influencers account and a number of metrics.

Salary: $120

Requirements:

Payment based on 10 Tik Tok videos featuring the bottle. Coldest Water bottle must be in full-frame with the Coldest logo showing.

Agrees to use referral link as your link in bio during the duration of the sponsorship.

Agrees to tag the Coldest Water Tik Tok account @thecoldestwater in each video and use #coldest
(videos should be 1 TikTok max per day)

Górny e-mail pokazał, że pisarz przynajmniej obejrzał niektóre z moich treści przed skontaktowaniem się z nami. Prezentacja była zwięzła, a wezwanie do działania spersonalizowane i jasne. To wszystko, co powinieneś zrobić, docierając do influencerów. Drugi e-mail to wszystko, czego nie powinien mieć twój zasięg - oczywiście zautomatyzowany i błędnie napisany pierwszy wiersz, boleśnie wydłużone formatowanie tekstu, fałszywe imię i puste zdjęcie profilowe oraz słaby slogan ("nasz jedyny prawdziwy wróg, HOT" to po prostu nie ruch, przepraszam chłopaki).

Tak więc, chociaż właściwe spersonalizowanie dotarcia do wpływowych osób może zająć trochę więcej czasu, jest to więcej niż warte w Odpowiedź, którą ponosi. Zasięg przez e-mail jest zwykle najlepszy - jeśli influencer nie ma go na liście, dotarcie za pośrednictwem wiadomości bezpośredniej jest w porządku.

Gymshark to jedna marka, która silnie wykorzystuje influencer marketing. W rzeczywistości bycie sponserowanym przez gymshark jest postrzegane jako symbol statusu końcowego w społeczności kulturystycznej i fitness - wpływowi rywalizują o uwagę Gymshark w nadziei na otrzymanie sponsership. To jest

[59] Instagram: Gymshark, Jamal)b15, David Laid

influencer marketing w najlepszym wydaniu, w wyniku czego Gymshark stał się marką wartą miliard dolarów.

Po dotarciu do wpływowych osób, które Twoim zdaniem dobrze pasowałyby do Twojej marki w zakresie marketingu influencerów, wszystko to Po lewej stronie jest sprawdzenie, czy influencer podąża za swoją stroną barginu. Staraj się mierzyć wyniki i kontynuuj współpracę z influencerem tylko wtedy, gdy okaże się, że generuje więcej klientów i przynosi zyski Twojej firmie, niż kosztują. Jeśli osiągają wyjątkowo dobre wyniki, zaoferuj im długoterminowe wsparcie.

Na koniec pamiętaj, że marketing influencer znacznie pomaga Twojej firmie rozwijać sięDience w mediach społecznościowych - Jedna wzmianka od influencera, z którym współpracujesz, może z łatwością 10x mały profil marki.

Pamiętaj więc o influencer marketingu jako niezwykle cennym narzędziu do Uzyskaj korzyści płynące z odbiorców społecznościowych bez konieczności samodzielnego ich budowania, a także drogę do przyspieszenia rozwoju społecznego swojej firmy.

Marketing afiliacyjny

Jako nasza druga forma alternatywnej reklamy cyfrowej, marketing afiliacyjny to proces, w którym "podmiot stowarzyszony" lub strona trzecia zarabia prowizję za sprzedaż Twoich produktów lub usług. Marketing afiliacyjny jest najbardziej rozpowszechniony w społeczności influencerów, ponieważ twórcy mogą łatwo wykorzystać swoich dużych odbiorców dzięki prowizjom partnerskim. Z drugiej strony firmy uwielbiają marketing afiliacyjny, ponieważ zachęca innych ludzi do ciężkiej pracy polegającej na sprzedaży swoich produktów i usług.

Dla swojej firmy skonfiguruj program marketingu afiliacyjnego, po prostu wyznaczając unikalne kody dla podmiotów stowarzyszonych (naprawdę, dla każdego użytkownika, ponieważ nie ma żadnych wad w oferowaniu każdemu posiadaczowi konta kodu), którzy mogą automatycznie otrzymywać prowizje na swoje konto, gdy klienci dokonują zakupu za pomocą kodu. Jest to łatwo dostępne dzięki wtyczce AffiliateWP w Wordpress (działają również Pretty Links i Easily Affiliate). Niektóre firmy, zwłaszcza te z cyfrowymi produktami informacyjnymi, mogą czerpać korzyści z umieszczania na clickbank.com, który jest rynkiem dla firm i sprzedawców afiliacyjnych.

Zwróć uwagę na te firmy, które stworzyły niezwykle dochodowe programy partnerskie:

TradingView Partner Program

Earn money with the cutting-edge financial platform

Lifetime Profit

Receive a 30% commission for all payments that your referrals make

A 90-Day Cookie

Referrals that sign up within 90 days will be assigned to you forever

Referral benefit

Your referral will get up to $30 to put towards their new plan

Start Earning

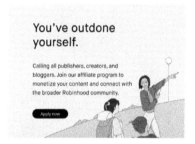

60

---

[60] *TradingView, Robinhood, Binance.us*

Wszystkie niewymienione w czołówce wizualizacje społecznościowe i reklamowe należące do Jona Law

Podsumowując, zarówno marketing afiliacyjny, jak i influencer marketing są cennymi strategiami cyfrowymi dla wszystkich rodzajów firm. Każdy z nich wykorzystuje moc innych osób - czy to znanych wpływowych osób, czy studentów dzielących się linkami między sobą - aby rozwijać swój biznes dla Ciebie.

Powrót do strategii

Po raz ostatni podkreślę znaczenie włączenia wskaźników i podejścia opartego na danych do reklamy cyfrowej i społecznej.

W ciągu ostatnich ośmiu rozdziałów zbadaliśmy różne narzędzia niezbędne w świecie biznesu cyfrowego - strategię społeczną, obecność społeczną, tworzenie treści, reklamę PPC, marketing influencer i tak dalej. Wspólnym wątkiem jest dążenie do optymalizacji: żaden lejek, kampania reklamowa ani potok treści nie będzie w pełni wykorzystywał swojego potencjału od pierwszego dnia, a sukces online dla małych firm jest w dużej mierze odzwierciedleniem stopnia, w jakim dane są mierzone, analizowane i wykorzystywane jako silnik do dalszej aktywności. Zachowaj tę zasadę w centrum swojej cyfrowej działalnościildzie naprzód.

Zgodnie z tą samą zasadą, niech decyzjami rządzą dane, a nie ta książka. Dołożyliśmy wszelkich starań, aby zapewnić kompleksowe ramy dla firm, które chcą wejść w przestrzeń społeczną i cyfrową. Nie oznacza to, że wszystkie firmy mogą w takim samym stopniu korzystać z danej strategii lub narzędzia cyfrowego. Przeciwnie, każda firma jest wyjątkowa, a porady przedstawione w niniejszym dokumencie najlepiej postrzegać jako podstawowy proces, metodologię i bazę wiedzy, z której można działać.

Książka może zakończyć się tylko tam, gdzie się zaczęła: po wprowadzeniu do świata coraz bardziej definiowanego przez interakcję online i środowisko biznesowe, które dokonuje prawdopodobnie największej zmiany w historii w kierunku masowo zglobalizowanego i zdigitalizowanego systemu.

Ta przyszłość nie musi być przerażająca - jesteś teraz wyposażony w narzędzia, aby ją przyjąć i wykorzystać do promowania swojego przesłania, produktów i usług.

Jak stwierdzono w rozdziale drugim, książka ta zostanie po raz pierwszy opublikowana jesienią 2022 roku. Nowa edycja będzie wydawana każdego roku, aby odzwierciedlić szybko zmieniające się dziedziny i możliwości, które bada. Będzie on dodatkowo ewoluował zgodnie z opiniami dostarczonymi przez rzeczywistych czytelników. Aby dać nam w prezencie swoje doświadczenia lub zadać pytania, skontaktuj się z nami pod team@smmfsb.com.

Wyrostek robaczkowy

Co powinieneś przeczytać dalej?

Dziękujemy za przeczytanie tej książki! Jeśli szukasz powiązanych lektur i chciałbyś wesprzeć niezależne publikacje, sprawdź dwie z naszych popularnych prac, *The Modern Guide to Stock Market Investing for Teens* i *Bitcoin Answered.*

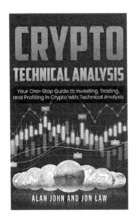

Potwierdzenia

F

Po agresywnym roku pisania w 2021 roku, naznaczonym publikacją dwóch książek, przyznam, że ostatnie miesiące były mniej ozdobne. Powrót do siodła nie był łatwym zadaniem, choć z pewnością satysfakcjonującym. Zasługa należy się mojemu wspaniałemu zespołowi i ludziom wokół mnie – począwszy od Willa Warrena za zasianie ziarna, które stało się tą książką, a skończywszy na zespole wydawniczym w Aude.

Właściwe podziękowania muszą rozpocząć się znacznie wcześniej. Ta książka i zawarta w niej wiedza jest podsumowaniem dzikich przedsięwzięć przedsiębiorczych w wielu wyżej wymienionych dziedzinach. Za dar tamtych lat złożyłem głębokie podziękowania Jeremy'emu Vaughnowi, Omarowi Rezecowi, Michaelowi Thompsonowi, Sreekarowi Kuckibhatli, Sharon Kha, Benowi Wanzo, Johnowi Corcoranowi, Kai Lu, Jackowi Jacobsowi, Mahmoodowi i wielu innym, z którymi miałem przyjemność pracować.

Podziękowania dla Blake'a Martina, Ksenii Suglobovej i Manny'ego Diaza za cenny wkład w ten tekst, a także Deana

Lianga, Genesisa Nguyena i Jacka Zimmermana za wkład w najnowsze prace. Moja wdzięczność należy się Alyssie Callahan i Patchen Homitz – w końcu to, co się opłaca, jeśli nie miejsce nauki. Równie długo, hołd należy się Gilowi, Habeebowi, Connorowi, Joyce'owi, Justinowi, Malcolmowi, Malii i, tak, całemu Starroyo. Moje najlepsze życzenia dla wszystkich w przyszłości.

Na koniec, drogi czytelniku, dziękuję za poświęcony czas i przemyślenia. Wszystkie książki są dla czytelników – mam nadzieję, że ten tekst oddał ci sprawiedliwość.

Zasoby

Usługi wymienione w całej książce.

Obecność społeczna

Google.com/business

facebook.com/pages/creation

trends.pinterest.com

search.google.com/search-console

trends.pinterest.com

Luzu

Asana

Trello •

Zapier •

Hootsuite

Później

Wiatr tylny

Harmonogram

Ikonokwadrat

BuzzSumo

Scoop.it

Wspominać

MeetEdgar

SocialPilot

Menedżer stron na Facebooku

Zoho Społeczny

PromoRepublic

Audiense Connect

Kot Napoleona

Fiverr •

Upwork

Designhill

Toptal

Trzcina

99wzory

Kodowalne

Gun.io

PeoplePerHour

Słowo Skyword

Canva

Program Photoshop

Fotogroszek

Mailchimp

Stały kontakt

Kapać

Hubspot

Sendinblue

SEMrush

SpyFu

Odpowiedz opinii publicznej

ClickCease

Dashword:

SEMrush

SpyFu

Odpowiedz opinii publicznej

ClickCease

Myślnik

Reklama

business.pinterest.com

studio.youtube.com

ads.google.com

business.facebook.com

facebook.com/adsmanager/manage/campaigns

business.nextdoor.com

getstarted.tiktok.com

advertising.amazon.com

bank kliknięć.

Domena, strona internetowa i hosting

godaddy.com

godaddy.com/en-in/hosting/WordPress-hosting

bluehost.com/WordPress

Przestrzeń kwadratowa

Weebly •

Wix

Indeks

A

AD, 122

Zestawy reklam, 122

reklama, 105

lejek reklamowy, 106

Audio, 16

automatyzacja, 99

B

KUPNO, 112

blogowanie, 54

strategia marki, 5

C

Kampanie, 122

CPC, 112

CTW, 111

D

obecność cyfrowa, 21

Ogłoszenia Discovery, 117

I

e-mail marketing, 52

F

Facebook, 34, 71, 120

G

Google Ads, 110

Google Business, 22

projekt graficzny, 93

Ja

Obraz, 15

Impresje, 111

Influencer Marketing, 137

Instagram, 27, 57, 125

K

Słowo kluczowe, 111

kpi, 7

L

LinkedIn, 31, 88, 134

długie wideo, 13

N

Następny, 127

Lub

outsourcing, 99

P

Zdjęcie, 15, 95

fotografia, 95

Pinterest, 37, 91, 133

ppc, 100

R

Roas, 112

S

krótkie wideo, 16

Snapchat, 133

strategia społeczna, 11

strategia, 5

T

miniatura, 78

TikTok, 41, 62, 131

Świergot, 42, 86

W

Wideo, 16

wideografia, 97

W

strona   internetowa

   [tworzenie], 47

WordPress, 47

I

youtube, 38, 75

reklamy youtube, 115

Zwłaszcza.

||||